Mallorca

Susanne Lipps
Oliver Breda

Inhalt

Das Beste zu Beginn

Waschechten Mallorquinern begegnen Sie hier
An der Plaça d'Espanya in Palma, wo alle Bus- und
Bahnlinien zusammentreffen und der Autoverkehr
dröhnt. Im Kaffeehaus an der Ecke überbrücken
die Fahrgäste schon seit 1930 die Wartezeit auf
den Sóller-Zug. Eine Institution, jetzt renoviert und
unter dem Namen Es Rebost.

Lust auf ein Picknick?
Mallorcas Märkte sind grandios. Voll-
reife Tomaten liegen neben scharf
eingelegten Oliven, würziger Land-
käse neben kräftigem Bergschinken.
Dazu Bauernbrot, reifes Obst oder
süßes Mandelgebäck. So bestückt
geht es zum Strand oder zu einem
Picknickplatz im Gebirge, wo Sie am
Wochenende die einheimischen Familien mit Kind und Kegel treffen.

Das Eigenleben der Riesen
Achten Sie bei Stadt- und Dorffesten auf den Auf-
tritt der *gegants!* Unter den weiten Röcken der
Riesenfiguren verbergen sich kräftige Männer, die
das mehrere Meter hohe Gebilde tragen. Ein heute
wieder eifrig gepflegter mittelalterlicher Brauch.

Kennen Sie Johannisbrotkernmehl?
Veganern ersetzt es wegen seiner
hohen Bindefähigkeit das Ei. Mallorcas Landwirtschaft exportiert es
immer öfter. Aber was tun mit den
braunen Johannisbrotschoten, die
nach der Ernte auf den Inselmärkten
liegen? Gut waschen, Kerne heraus-
brechen (bitte nicht mitessen) und
den Rest roh knabbern. Das frühere
Arme-Leute-Essen schmeckt ein wenig wie Lakritz – durchaus lecker.

Wunderliche Namensänderung
Mit jedem Regierungswechsel
ändert die Hauptstadt ihren Namen.
2008 wurde aus Palma de Mallorca
einfach Palma, 2011 wieder Palma
de Mallorca, 2017 erneut Palma.
Die Konservativen meinen, ohne den
Zusatz bestünde Verwechslungs-
gefahr mit der Stadt Las Palmas und
der Insel La Palma auf den Kanaren,
die Sozialisten bestehen auf dem
historischen Namen Palma.

Vom Medizinschrank in die Cocktail Bar
Bittersüß zergeht der *palo* auf der Zunge. Sein holziges Aroma verdankt er Chinarinde und Enzian. Im 16. Jh. als Mittel gegen Malaria kreiert, die damals grassierte, ist er heute – mit Sodawasser und Eis gemixt – ein Aperitif der Extraklasse.

Ferien auf dem Bauernhof und das auf Mallorca?
Ja! Es muss nicht gleich das raffinierte Wellness-Hotel auf dem herrschaftlichen Landsitz mit allem Komfort und zurück sein. Auch nicht die eigene Finca mit Geschirrspülmaschine, Pool und privatem Tennisplatz. Kleinere Gutshäuser, die schon dem Verfall entgegensahen, schwimmen jetzt mit auf der Welle und bieten charmantes Wohnen mit Pfiff für weniger Betuchte. Mal zaubert die Gastgeberin in der Küche deftige mediterrane Spezialitäten, mal dürfen die Gäste das Obst im Garten ernten, mal gehören Pferde zum Hof und und und …

Was Mallorquiner echt aufregt
Parken am Strand ist ein Graus. Vier bis fünf Euro pro Tag sind auf der Insel Standard, zuweilen werden bis zu zehn verlangt. Wütende Wildparker schrauben die Parkverbotsschilder nebenan dann auch schon einmal ab.

Plätze der Stille
Mallorcas Bergklöster sind ein Phänomen. Auf jedem Hügel scheint eines zu thronen. Einsiedler leben dort allerdings nur noch selten. Dafür spüren moderne Pilger der besonderen Atmosphäre dieser abgelegenen Orte nach.

Das Schönste an Mallorca? Für uns die Berge, die Serra de Tramuntana. Bevor es losgeht ein Muss: Kaffee und eine *ensaïmada* im nächstgelegenen Dorfcafé. Dann aber hurtig, denn frühmorgens sind die Wanderwege noch einsam und die Luft ist frisch und klar.

Fragen? Erfahrungen? Ideen?
Wir freuen uns auf Post.

Unser Postfach bei DuMont:
lipps@dumontreise.de

Das ist Mallorca

Mit der liebsten Ferieninsel der Deutschen verbinden viele den Trubel am
›Ballermann‹ oder die Glitzerwelt des Jetsets, der sich in Sternerestaurants
und noblen Jachthäfen die Klinke in die Hand gibt. Doch Mallorca hat
auch eine dritte Seite. Vor allem außerhalb der sommerlichen Hochsaison
fühlen sich Individualreisende angezogen. Während in den heißen Monaten die Luft flimmert und sich das Leben in die lauen Nächte verlagert,
zieht es die Menschen, sobald die Tage kürzer werden, bei Sonnenschein
ins Freie. So blau wie auf Mallorca präsentiert sich kaum irgendwo der
Himmel. Die Farbkontraste zwischen dunkelgrünen Steineichenwäldern,
ockerfarbenen Dörfern, dem türkisfarbenen Meer und – in der Winter-
zeit – vielleicht einem Hauch von Schnee auf den Gipfeln der Serra de
Tramuntana könnten kaum größer sein. Und wenn dann noch im Februar
die Mandelbäume oder im Herbst die Orangensträucher blühen …

Stadtkultur und Landidylle
Palma gilt mit seinen Boutiquen und Spezialitätenläden als Einkaufspara-
dies. Kulturell wird mit Museen und Events Beachtliches geboten. Oder
Sie verlieren sich einfach beim Bummel im Gassengewirr der Altstadt,
bestaunen ehrwürdige Paläste und erspüren den Lebensrhythmus der
Stadtbewohner. Betörende Düfte strömen aus den winzigen Lokalen, die
überall zur Einkehr einladen. Dazu als Kontrastprogramm das ländliche
Mallorca: Wer der Umtriebigkeit der Ferienorte an der Küste entfliehen
möchte, quartiert sich auf herrschaftlichen, von Ölbaumplantagen umgebenen Landsitzen ein oder mietet gleich eine ganze Finca und nimmt am
beschaulichen Landleben teil. Fast scheint das Mittelalter noch lebendig
in den Städten und Dörfern der zentralen Ebene Es Pla oder den maurisch
anmutenden Bergdörfern der Tramuntana. Fornalutx hat seine Häuser
herausgeputzt, in Deià werkelt eine Künstlergemeinde vor sich hin und in
Valldemossa verbrachte die französische Schriftstellerin George Sand mit
Frédéric Chopin ihren berühmten »Winter auf Mallorca«.

Per Pedes und auf dem Drahtesel
Ambitionierte Wanderer machen sich ins Gebirge auf den Weg. Mitten in
der Serra de Tramuntana liegt Sóller, von Obstgärten umgeben. Die Um-
gebung bietet ideale Wandermöglichkeiten, auf Saumpfaden oder uralten
Pilgerwegen. Als Fernwanderweg führt einer davon zum Bergkloster Lluc.
Wallfahrer und Neugierige füllen gegen Mittag die byzantinisch anmuten-
de Klosterkirche, um den Blauets zu lauschen, einem Kinderchor, der zu
Ehren der hier verehrten schwarzen Madonna Lobeslieder intoniert. Gegen
Abend kehrt Ruhe und Besinnlichkeit im Pilgerhof ein. Am nächsten
Morgen geht es früh in die Berge, an attraktiven Wegen herrscht auch hier
kein Mangel. Wichtigste Anlaufadressen für Gipfelstürmer sind Massanella
und Tomir, beide zur klassischen Achterkette der »Tausender« Mallorcas
gehörig. Auch für Radfahrer ist die Insel ein Paradies. Wer die Serra de Tramuntana mit dem Fahrrad bezwingen möchte, benötigt reichlich Konditi-

Nur zu Fuß zu erreichen sind die Ruinen des Klosters La Trapa im Südwesten der Insel; in der alten Mühle gingen früher Esel im Kreis, um das Mahlwerk anzutreiben.

on. Vor allem Profifahrer zieht es zum Training hierher. Gelegenheitsradler werden eher die flacheren Teile der Insel zu schätzen wissen, mit mancher verschwiegenen, wenig befahrenen Straße durch Mandelplantagen und stille Dörfer.

Strände ohne Ende

Manche der 180 Inselstrände gehen nahtlos ineinander über, etwa an der viele Kilometer langen Bucht von Alcúdia. Andere schmiegen sich in die *cales,* verschwiegene Buchten an den Felsküsten. An der Ostküste sind sie hellsandig, an der Nordwestküste kiesig und klippenreich. Ruhesuchende finden die schönsten unverbauten Strandabschnitte an der von Dünen und Salzwiesen gesäumten Platja des Trenc. Besonders reizvoll zeigt sich im Frühjahr zur Orchideenblüte die Cala Mondragó. Sie ist auf einem reizvollen Spaziergang zu erreichen, während zur kultigen Cala Sa Nau eine steile Treppe hinabführt. Auch auf der bizarren Halbinsel Formentor erschließt sich so mancher Strand nur Fußgängern.

Märkte für Gourmets

Auf den allgegenwärtigen Wochenmärkten ist sinnliches Erleben angesagt. Das Angebot umfasst farbenfrohes Obst und Gemüse, exotische Gewürze, pikante Oliven und Kapern, duftende Backwaren. Höchsten Ansprüchen genügen verschiedene auf der Insel produzierte Genüsse, etwa das ökologisch produzierte Olivenöl aus Caimari, der Inselkäse aus Campos oder die »Salzblume« – *flor de sal* – aus den Salines de Llevant. Eine ganz eigenwillige Kaffeekultur charakterisiert Mallorca. Überall in den kleinen Marktstädten fungiert das Café am Platz im Zentrum als der Treffpunkt schlechthin. Zu jeder erdenklichen Tageszeit versammeln sich hier die vorwiegend einheimischen Gäste.

Mallorca in Zahlen

175
Kilometer beträgt die Distanz zwischen Mallorca und Barcelona.

1
Nationalpark gibt es auf Mallorca, den Parc Nacional Marítimoterrestre de l'Arxipèlag de Cabrera.

192
alte Wegkreuze stehen auf der Insel an Landstraßen und Verbindungswegen.

4
deutschsprachige Zeitungen erscheinen auf der Insel: Mallorca Zeitung, Mallorca Magazin, El Aviso und Die Inselzeitung.

365
Markttage gibt es, irgendwo wird immer ein Wochenmarkt abgehalten.

15
Strandabschnitte gliedern die Platja de Palma, darunter der balneario 6, bekannt als ›Ballermann‹.

1445
Meter hoch ist der Puig Major, der höchste Berg der Insel.

25
UKW-Radiosender sind zu hören, das ›Inselradio‹ (95,8 MHz) ist der einzige deutschsprachige.

1579

Quadratkilometer stehen unter Naturschutz, das sind 43 Prozent der Inselfläche.

3300

Meter lang ist die spektakulärste Schlucht, der Torrent de Pareis.

18 764

deutsche Bewohner sind auf Mallorca registriert.

60 000

Mietwagen im Hochsommer bilden immer noch eine gigantische Flotte, obwohl ihre Zahl zuletzt abgenommen hat.

923 608

Einwohner zählt die Insel insgesamt.

6 100 000

Passagiere wurden im Jahr 2020 auf dem Flughafen von Palma abgefertigt, fast 80 Prozent weniger als in den Jahren zuvor. Jetzt erholt sich der Tourismus wieder.

54
Gipfel der Serra de Tramuntana sind höher als 1000 Meter.

So schmeckt Mallorca

Mallorca schmeckt nach Meer – an der Küste. Im Gebirge und auf dem Land eher nach traditioneller Landwirtschaft, in jüngerer Zeit auch nach Bio. Frische Produkte erfreuen sich großer Beliebtheit. Einiges an der einheimischen Küche mutet eigenwillig an, die Spezialitäten sind deftig. Der Tourismus hat internationale Geschmacksnuancen auf die Insel gebracht. Viele Restaurants kochen mediterran, Einflüsse aus der ganzen Welt finden sich an den Hotelbuffets.

Morgens gern spartanisch

Wer früh arbeiten muss, hat keine Zeit für ein ausgiebiges Frühstück. Schnell einen Kaffee in der nächstgelegenen Bar, das ist typisch für die Insel. *Ensaïmadas* (Schmalzkringel) sind das ›mallorquinische Croissant‹. Sie liegen vormittags in vielen Cafés frisch auf dem Tresen bereit. Wer es deftiger mag, greift zu *Pa amb oli.* Dazu wird salzloses Bauernbrot mit Olivenöl beträufelt und mit einer reifen Tomate bestrichen – fertig! Als Beilage gehören Oliven und sauer eingelegtes Gemüse dazu. Für Hungrige gibt es auch Varianten mit Käse und luftgetrocknetem Schinken. Die *Coca* eignet sich als zweites Frühstück oder Snack zwischendurch. Sie ist eine Art Pizza ohne Käse. Meist ist ihr Belag vegetarisch, gelegentlich auch mit Sardellen, Stockfisch oder Paprikawurst garniert. Die meisten Hotels bieten natürlich ein Frühstück nach dem Geschmack der Mehrheit ihrer Gäste an: Müsli und Vollkornbrot für die einen, *baked beans* und Würstchen für die anderen.

Mittags wird geschlemmt

Da traditionell das Frühstück eher spärlich ausfällt, füllen die Einheimischen die für ihr Tagwerk notwendigen Kalorien mittags auf. Die Stadtbevölkerung trifft sich meist gegen 13 Uhr in einer Bar, in einem Café oder Restaurant zum *menú del día.* Dieses Drei-Gänge-Tagesmenü ist schnell serviert, das Preis-Leistungs-Verhältnis perfekt. Nicht immer haben die Restaurants, die es anbieten, ein romantisches Ambiente,

---

INSEL-TYPISCHES

Frit Mallorquín: Ein einfaches Gericht vom Land. Hauptzutaten sind Innereien vom Schwein und Lamm, dazu kommen Paprika, Knoblauch und Olivenöl. Gut gewürzt zergeht es auf der Zunge.
Tumbet: Der sommerliche, vegetarische Auflauf ersetzt zusammen mit zwei, drei Scheiben Baguette das Mittagessen. Er kann aber auch als Beilage gegessen werden. Hauptzutaten sind Kartoffeln, Auberginen, Zucchini, rote Paprika und Tomaten. Gewürzt wird mit Knoblauch und Majoran, hinzu kommt reichlich Olivenöl.
Sobrassada: Würzige Streichwurst auf der Basis von Schwein in den Geschmacksrichtungen pikant (der Wurstzipfel ist mit einer roten Schnur zugebunden), mittel (grüne Schnur) und mild (weiße Schnur). Die berühmte Wurst wird inzwischen sogar in Souvenirläden angeboten.

sind oft eher schlicht eingerichtet, auf dem Land schon einmal kantinenartig mit wirkungsvoller Neonbeleuchtung. In rein touristischen Zonen ist das *menú del día* daher selten zu finden.
Anders am Sonntag. Da zelebrieren die Mallorquiner mit Familie und Freunden das Mittagessen. Landgasthöfe füllen sich erst gegen 14 Uhr. Die gesellige Mahlzeit zieht sich dann bis in den Abend hin.

PAELLA

Das Reisgericht war ursprünglich ein Arme-Leute-Essen. Mallorquiner speisen sie immer mittags und niemals zu Hause oder allerhöchstens dann, wenn sie feiern. Sie wird in Lokalen, bei Festen und Picknicks serviert.

Abends das Vergnügen
Eine Abendgestaltung mit ausgiebigem Essen findet für die Einheimischen meist am Freitag oder Samstag statt und beginnt spät. Vor 20 Uhr setzt sich niemand an den Tisch, meist wird es 21 oder gar 22 Uhr. Wie am Sonntagnachmittag liegt der Schwerpunkt auf dem Beisammensein, gegessen wird natürlich auch. Üppig, abwechslungsreich, mit langen Pausen zwischen den Gängen.
In Palma hat sich die aus Spanien importierte Tapaskultur etabliert. Man zieht von Bar zu Bar und schnabuliert sich durch – für Mitteleuropäer oft zu langwierig. Daher werden auch Tapasplatten angeboten – von allem etwas, in ›nur‹ einem Restaurant genossen. Freilich haben sich viele Lokale den Wünschen ihrer Kunden angepasst.

PREISE
für ein Hauptgericht oder Menü:
€   bis 10 Euro
€€   10 bis 20 Euro
€€€ über 20 Euro

SOPES MALLORQUINES

Im bäuerlich geprägten Mallorca wurde früher täglich so gegessen. Hinein kam, was Saison hatte.

Zutaten für 2 Personen:
1/4 Kopf Wirsing
einige Blumenkohl-Röschen
100 g Stangenbohnen
1 Zucchini, 1 weiße Zwiebel
2 Knoblauchzehen, 1 Tomate
300 ml Gemüsebrühe
5–6 dünne Scheiben Graubrot
Olivenöl, Salz, Paprika, Thymian

Zubereitung: Gemüse in mundgerechte Stücke schneiden, Zwiebel, Knoblauch und Tomate würfeln. In einem Topf Zwiebel, Knoblauch und Wirsing in Olivenöl andünsten. Restliches Gemüse und Brühe zugeben, würzen, 10 Min. kochen. Brot in eine Auflaufform schichten, Gemüse darübergeben und im vorgeheizten Backofen (180 Grad, mittlere Schiene) weitere 10 Min. garen.

Auch wer schon vor nachtschlafender Zeit Hunger verspürt, wird fündig.

Der Wein dazu
Die Inseltropfen sind von den Weinkarten guter Restaurants kaum noch wegzudenken. Neben den traditionellen Sorten Manto negro (rot), Moll und Cayet (beide weiß) sind auch Sorten wie Cabernet Sauvignon und Chardonnay auf dem Vormarsch. Es gibt zwei Anbaugebiete mit Ursprungsgarantie: D. O. Binissalem und D. O. Pla i Llevant.

Ihr Mallorca-Kompass

#2
Berg der Einsiedler –
zum Puig de Randa

#3
Gartenkunst der
Mauren – **in den
Jardins d'Alfàbia**

DER MIRADOR DE MALLORCA

EIN BISSCHEN ORIENTALISCH —

#1
Palma kulinarisch –
**auf dem Mercat
de l'Olivar**

Markt ohne Lücke

WOMIT FANGE ICH AN?

1
2
3

15
14
13
12

Mittelalterfieber —

#15
Für Burgenfans –
**hinauf zur Festung
von Capdepera**

Wohin der
DRAHTESEL
uns trägt

#14
Auf der grünen Route
**– mit dem Rad die
Via Verda entlang**

KRÖTEN
ALARM
!

Feuchte Gebiete

#13
Türkisblaue Buchten –
**die Cales von
Mondragó**

#12
Sand, Dünen, Salz –
**am Naturstrand
Es Trenc**

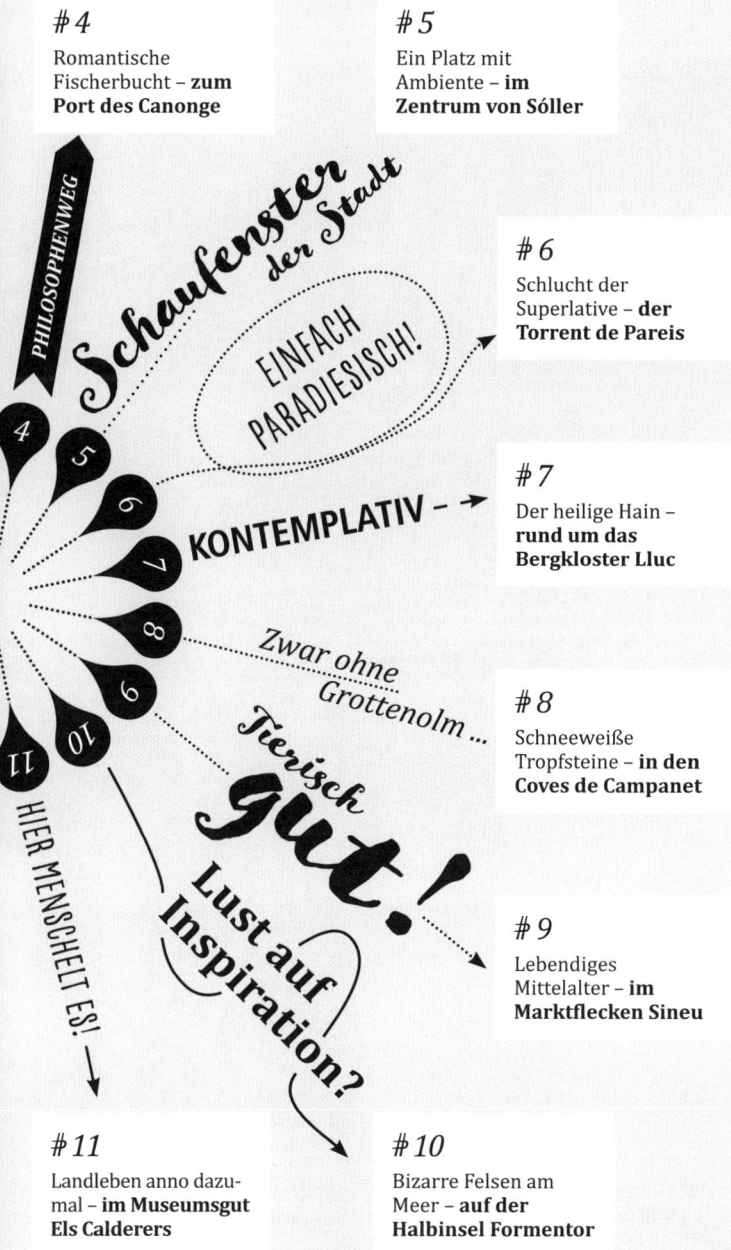

 # 4

Romantische Fischerbucht – **zum Port des Canonge**

 # 5

Ein Platz mit Ambiente – **im Zentrum von Sóller**

PHILOSOPHENWEG

Schaufenster der Stadt

EINFACH PARADIESISCH!

 # 6

Schlucht der Superlative – **der Torrent de Pareis**

KONTEMPLATIV –

 # 7

Der heilige Hain – **rund um das Bergkloster Lluc**

Zwar ohne Grottenolm ...

Tierisch gut!

Lust auf Inspiration?

 # 8

Schneeweiße Tropfsteine – **in den Coves de Campanet**

 # 9

Lebendiges Mittelalter – **im Marktflecken Sineu**

HIER MENSCHELT ES!

 # 11

Landleben anno dazumal – **im Museumsgut Els Calderers**

 # 10

Bizarre Felsen am Meer – **auf der Halbinsel Formentor**

Palma und Umgebung

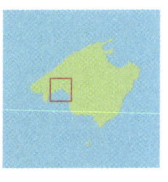

Diese Stadt spricht die Sinne an. Hier wird kulturell, kulinarisch und atmosphärisch einiges geboten. Auch optisch ist Palma mit seiner riesigen Altstadt und den gepflegten Boulevards ein Genuss. Überdies wird hier auch das Shoppingvergnügen groß geschrieben. Ringsum gibt es über den ›Ballermann‹ hinaus viel zu sehen und zu erleben. Etwa das majestätische Kloster Randa, die subtropischen Gärten Alfàbia und Raixa, den mondänen Jachthafen Porto Portals und nicht zuletzt die idyllischen Strandbuchten von Portals Vells.

Palma ◫ C/D 5

Ohne Zweifel ist Palma eine der reizvollsten Städte des Mittelmeerraums. In den verwinkelten Gassen der Altstadt – übrigens der größten Europas – stehen vornehme Paläste. Jachthäfen und Palmenalleen säumen die Uferfront. Auf Plätzen und Flaniermeilen spielt sich das Leben ab. Rund 410 000 Menschen leben heute in Palma, fast die Hälfte der Inselbevölkerung.

WAS TUN IN PALMA?

Beim König vorbeischauen

Vermutlich glänzt König Felipe durch Abwesenheit, aber seine Residenz können Sie besuchen. Starten Sie an der **Plaça de la Reina,** wo alle Stadtbusse halten. Passanten stecken dort den Kopf durch das hohle Gesicht der Skulptur »Personatge«. Im Volksmund heißt sie auch »Das Ei«. Dass sie mal zum wohl meistfotografierten Objekt in Palma avancieren würde, hätte sich der Künstler Joan Miró sicher nicht träumen lassen. Südlich schließt der **Hort del Rei** ❶ an, der einstige königliche Obst- und Gemüsegarten. Seit den 1960er-Jahren ist er maurisch gestylt: mit Orangenbäumchen, Wasserspielen und moosbewachsenen Brunnenköpfen.

Steigen Sie nun von der Meerseite her die Treppen zum wuchtigen Königspalast **La Almudaina** ❷ hinauf. Von der einstmals arabischen Zitadelle blieb die Außenmauer zum Meer mit Torbogen, durch den die Schiffe des Emirs direkt zur Burg fuhren. Den Rest des Gebäudes gestalteten die christlichen Könige völlig neu mit Waffenhof, kostbar ausgestatteten Salons und privaten Baderäumen. Heute hält hier König Felipe zuweilen offizielle Empfänge ab (www.patrimonionacional.es/real-sitio, April–Sept. Di–So 10–19, Okt.–März Di–Fr 10–16, Sa/So 10–18 Uhr, 7 €).

Lichterspiele im Dom bestaunen

Auch wenn Sie sonst nicht in jede Kirche gucken müssen, diese sollten Sie sich anschauen: **La Seu** ❸ nennen die Mallorquiner ihre Bischofskirche, die auf der Insel lebenden Deutschen sagen auch einfach Dom. Kunsthistoriker sprechen von der ›Kathedrale des Lichts‹, denn eine riesige Fensterrosette sorgt in den Morgenstunden mit über 1000 bunten Einzelscheiben für eine ganz eigene Beleuchtung. Der Bau begann 1306, kurz nach der Reconquista. Aber erst 1601 war die Kirche, eine der größten jemals gebauten, fertiggestellt. Etwa 10 000 Menschen finden in dem hallenartigen Innenraum Platz.

1902 kam Antoni Gaudí und gab La Seu ein neues Gesicht. Der katalanische Jugendstilarchitekt legte ringförmig Kandelaber um die Säulen, in denen Glühbirnen leuchten. Vor allem aber schuf er den Baldachin über dem Hauptaltar – eigentlich als Entwurf gedacht aus Pappe, Papier und Brokatstoff, der zur vollendeten Tatsache wurde. 2007 verwandelte Inselkünstler Miquel Barceló aus Felanitx die Kapelle vorne rechts durch ein Keramikrelief in eine Felsgrotte. In fantastischer Weise symbolisiert es die biblische Vermehrung von Brot und Fisch. Das in konservativen Inselkreisen umstrittene Werk wurde in Abwesenheit des Künstlers eingeweiht, der sich selbst als Agnostiker bezeichnet.

Die Seitenkapellen von La Seu sind kaum zu zählen. Sie spiegeln alle Stilrichtungen wider, von der Gotik bis zum Klassizismus. Die Schlusssteine der jeweiligen Gewölbe zeigen die Wappen einheimischer Adelsfamilien, die als Stifter der Kapellen auftraten und damit den Kathedralenbau finanzierten. George Sand (▶ S. 45) sprach in ihrem Buch »Ein Winter auf Mallorca« von einer »Eitelkeitssteuer«. Ein Highlight ist der Besuch der Dachterrassen, die mit einem Superblick über die Stadt punkten.

www.catedraldemallorca.org, touristische Besichtigung Mo–Sa und an den meisten Feiertagen 10–14.15 Uhr, 8 €, für individuelle Besichtigung der Terrassen durch den Glockenturm Zeitfenster online reservieren, 20 € mit Kathedrale

Reizvolle Kontraste: Auf einem bescheidenen Altstadtbalkon hängt die Wäsche zum Trocknen, im Hintergrund thront die mächtige Kathedrale.

In die Altstadt eintauchen

Palast an Palast säumt die engen Häuserschluchten hinter der Kathedrale. So mancher gewährt Einblick in seinen Innenhof. Nach außen wurden die Häuser wie kleine Festungen fast fensterlos und mit schweren Holztüren ausgelegt, aus Angst vor Piratenüberfällen. Das Leben spielte sich drinnen ab. Inzwischen wurden viele dieser Paläste in Eigentumswohnungen aufgeteilt, in andere zogen Hotels, Kunstgalerien oder Behörden ein.

Maurische Spuren entdecken

Wenig blieb aus maurischer Zeit, dazu zählen die **Banys Àrabs** 4 . Die Arabischen Bäder liegen im oasenhaften Dachgarten eines Privatpalasts. Im noch gut erhaltenen Caldarium schlug den Badenden früher heißer Dampf entgegen. Kleine Glasscheiben in der Dachkuppel ließen das Licht herein. Die Fußbodenheizung speiste sich durch die Abwärme der darunter liegende Küche.
Carrer Can Serra 7, tgl. 10–18.30 Uhr, 3 €

Die Ruhe genießen

Ein beschaulicher Ort ist der Kreuzgang des Franziskanerklosters **Sant Fran-**

cesc 5 , angeblich der größte der europäischen Gotik. Wie ein Garten gestaltet, ist er von Arkadengängen gerahmt, wo über die Jahrhunderte hinweg 72 Adelsfamilien bestattet wurden. In der Kirche, in die vom Kreuzgang ein Durchlass führt, lohnt ein Blick auf den Sarkophag von Ramon Llull (▶ S. 28) in der ersten Seitenkapelle links (Plaça de Sant Francesc 7, 9.30–12.30, 15.30–18 Uhr, 5 €). Platanen spenden den Blumenbeeten und Sitzbänken der **Plaça de Santa Eulàlia** Schatten. Im Winter um die Mittagszeit fällt Sonne auf den Platz, dann füllen sich die Straßencafés.

SÜSSE KÖSTLICHKEITEN

In klösterlicher Tradition stellen die Nonnen des **Monasterio de Santa Clara** 3 Schokolade, Bonbons, Mandel- und Anisgebäck her. Festlich verpackte Verkaufsschlager in der Vorweihnachtszeit sind Marzipan und Nougat (Carrer de Can Fonollar 2, Mo–Fr 7–19, Sa 12.30–19, So 7.30–20 Uhr).

PALMA

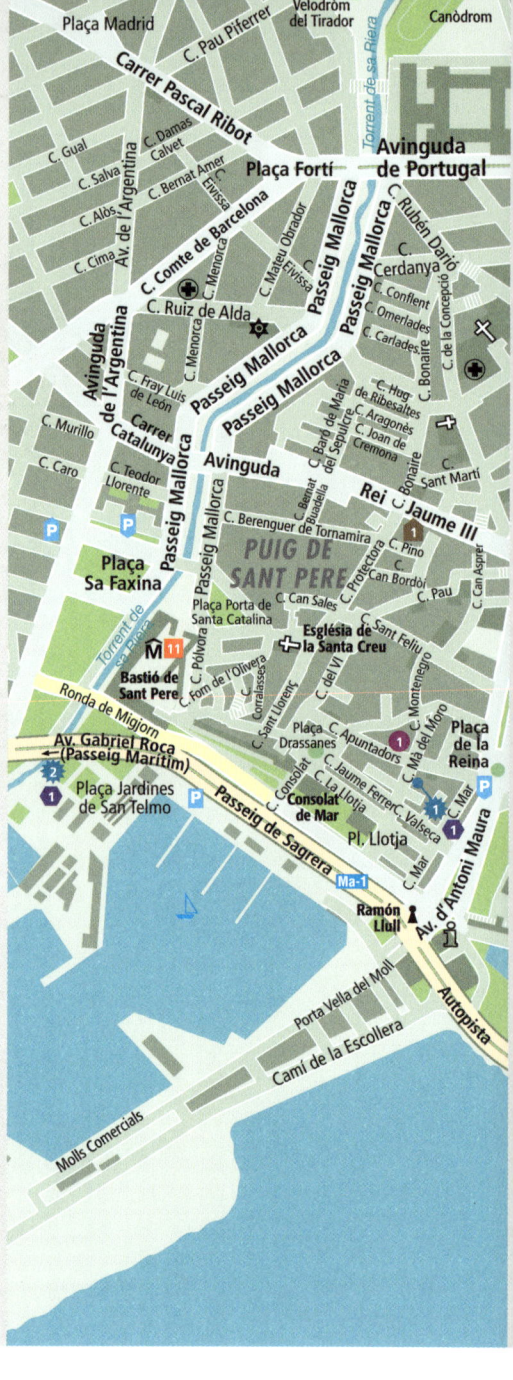

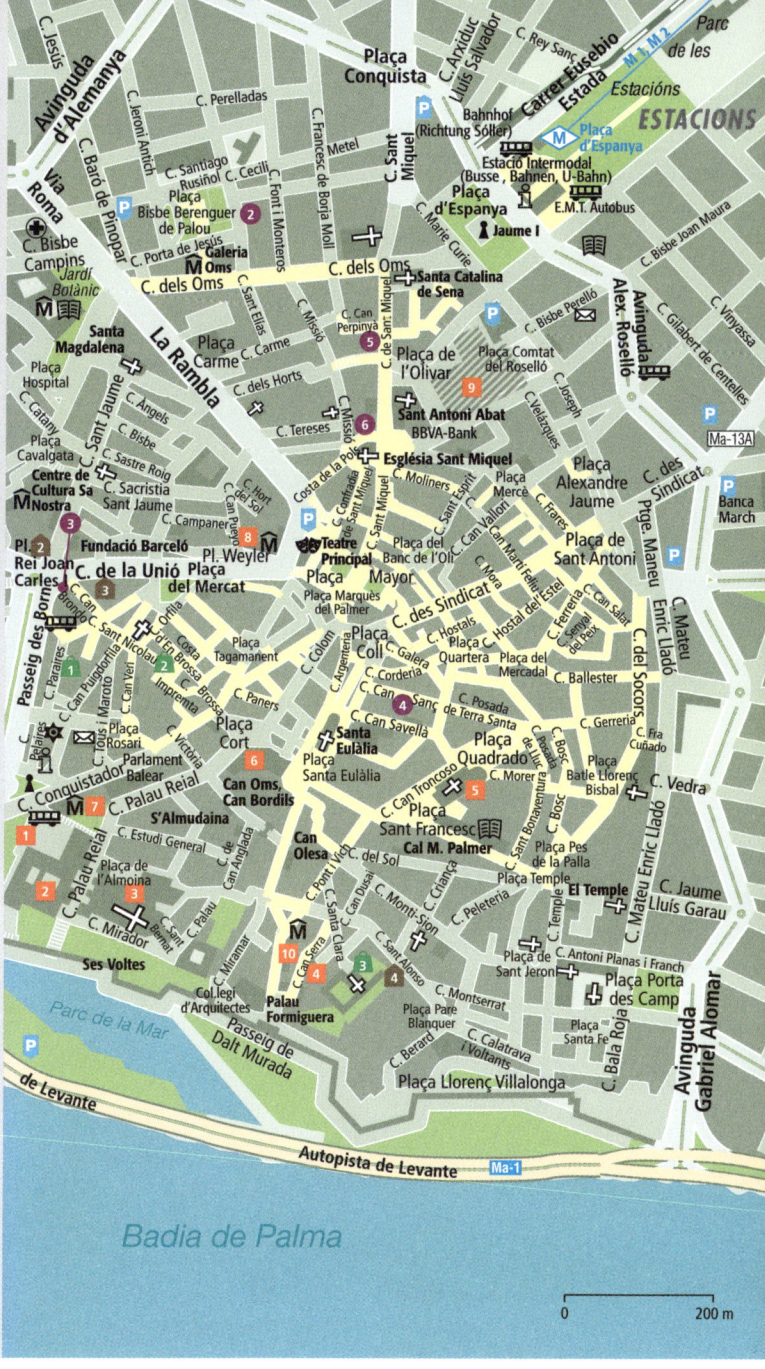

Zentren der Macht erkunden

Den nahegelegenen **Rathausplatz** ziert ein 500-jähriger Ölbaum, ein Wahrzeichen von Palma. Am **Ajuntament** **6** (Rathaus) unbedingt nach oben schauen! Fünf Karyatiden und sechs Atlanten, weibliche und männliche Figuren, tragen das hölzerne Dachgesims. Ein Schiffszimmermann soll es geschnitzt haben.

Am Carrer Conquistador steht das **Parlament de les Illes Balears,** ehemals Casino. Dieses diente keineswegs dem Glücksspiel, sondern war früher Treffpunkt der politischen und wirtschaftlichen Elite Palmas. Nebenan ließ der mallorquinische Milliardär Juan March (1879–1962) seinen mondänen **Palau March** **7** erbauen, angeblich um die erlauchten Kreise im Casino zu provozieren. Zeitlebens hatten sie ihn nicht als ihresgleichen akzeptiert, in seiner Jugend soll er Schweinehirt gewesen sein. Durch Geschäfte im Ersten Weltkrieg mit allen beteiligten Nationen baute er ein astronomisches Vermögen auf. Sein Sohn investierte in die Kunst. Im Palast sind Werke bekannter Bildhauer und Maler, etwa Henry Moore oder Salvador Dalí, zu sehen (www.fundacionbmarch.es, Mo–Fr 10–18.30, Nov.–März bis 17, Sa/So 10–14 Uhr, 4,50 €).

Auf Boulevards entlangflanieren

Wie Schneisen durchschneiden breite, lichtdurchflutete Prachtstraßen die engen Altstadtviertel. Wo heute der **Passeig des Born** verläuft, floss früher der Torrent sa Riera. Dieser wurde, um der Stadt winterliche Überschwemmungen zu ersparen, schon 1613 ein gutes Stück nach Westen umgeleitet. Die Allee trifft auf die Plaça Rei Joan Carles I., deren offiziellen Namen kaum jemand kennt. Populär heißt sie **Plaça de Tortugas** (Schildkrötenplatz), da vier kleine Schildkröten den Obelisken an ihrem zentralen Brunnen tragen.

Hier zweigt nach Westen die **Avinguda de Jaume III.** ab, eine arkadengesäumte Einkaufsstraße mit breiten Trottoirs. Juweliere, Boutiquen und das Kaufhaus El Corte Inglés decken den Bedarf einer gehobenen Kundschaft.

Auch östlich vom Schildkrötenplatz im **Carrer de la Unió** sind die Shoppingmöglichkeiten beachtlich. Das schönste Jugendstilgebäude Palmas, ehemals **Gran Hotel** **8**, steht an der **Plaça Weyler.** Die Eröffnung 1903 war ein berauschendes Gesellschaftsereignis. Sogar über Fahrstühle verfügte die Luxusherberge damals schon. Heute sitzt hier das **CaixaForum Palma.** Das

Die Markthändlerinnen haben sichtlich Spaß daran, ihre frisch auf der Insel geerntete Ware zu verkaufen.

sparkassenfinanzierte Kunstzentrum zeigt wechselnde Ausstellungen (https://caixaforum.es/es/palma, Mo–Sa 10–20, So/Fei 11–14 Uhr, 6 €). Gegenüber hält die fotogene Jugendstilbäckerei Forn d'es Teatre (Fornet de la Soca) Leckereien bereit. Ihre Fassade lohnt einen Blick und die *ensaïmadas* lohnen probiert zu werden.

In Fortsetzung des ehemaligen Flussbetts zieht sich **La Rambla** nach Nordwesten. Blumenstände reihen sich unter Platanen in der Mitte der Allee. Viel lebendiger sind aber die schmaleren Straßenzüge weiter im Osten: die **Fußgängerzone Carrer Sant Miquel/Carrer Jaume II.** mit eher hochpreisigen Geschäften und der **Carrer des Sindicat,** wo es volkstümlich zugeht mit alteingesessenen, inhabergeführten Läden. Nahe beim Carrer Sant Miquel hält der **Mercat de l'Olivar** , Palmas schönste Markthalle, ein riesiges Angebot an frischen Sachen bereit (▶ S. 22).

Zum Relaxen und Stöbern bietet sich die autofreie **Plaça Major** mit ihren Freiluftcafés unter Bogengängen und an wechselnden Wochentagen mit einem Kunsthandwerkermarkt an. Straßenkünstler präsentieren hier ihre Fertigkeiten.

MUSEEN, DIE LOHNEN

Eintauchen in die Inselhistorie

In einem Stadtpalast von 1630, der früher dem berüchtigten Grafen Aiamans gehörte, residiert das **Museu de Mallorca** 🔟. Wegen fortdauernder Renovierungsarbeiten ist nur ein Teil der Sammlung zu sehen, vorwiegend Kunst und Dekorationsgegenstände (18.–20. Jh.), darunter ein Porträt der Palmeser Adelsdame Isabel Miralles im Stil der Romantik und eine Jugendstilvase aus der mallorquinischen Keramikfabrik La Roqueta, auf der ein Schmetterling beim Naschen an einer Blüte dargestellt ist.

Carrer Portella 5, http://museudemallorca.caib.es, Di–Do, Sa/So 9–14, Fr 10–17 Uhr, 2,60 €, So Eintritt frei

Kunstpalast Nr. 1 in der Stadt

Auf dem Platz vor dem **Museu Es Baluard** 1️⃣1️⃣ steckt die Skulptur einer Kirche mit dem Turm im Boden – ein Werk des amerikanischen Künstlers Dennis Oppenheim von 1997. Das Museum selbst steckt in einer alten Bastion. Treppen und Terrassen auf der Stadtmauer und das dortige Café bieten Ausblicke auf den Hafen. Hier steht

Auch wenn moderne Kunst Sie kalt lässt: Die Aussichtsterrasse des Museu El Baluard ist den Besuch wert.

seit 2007 das neue Wahrzeichen von Palma, die 15 m hohe Bronzeskulptur »Bou« (Stier) des Stararchitekten Santiago Calatrava. Innen verteilt sich die wechselnde Ausstellung über drei Stockwerke und 2500 m². Mediterrane Landschaftsbilder vom Anfang des 20. Jh. sind feste Größen, dazu Werke der klassischen Moderne, etwa von Pablo Picasso oder Joan Miró.

Plaça Porta de Santa Catalina 10, www.esbaluard.org, Di–Sa 10–20, So 10–15 Uhr, 6 €, wer mit dem Fahrrad kommt, zahlt nur 2 €, am Fr entscheidet der Besucher, wie viel er zahlen möchte (ab 0,10 €).

SCHLEMMEN, SHOPPEN, SCHLAFEN

🏠 **In fremden Betten**

Mehr als Business

Almudaina 1️⃣

Mal nicht unter Touristen wohnen, sondern dort, wo sich Geschäftsleute einquartieren. Die zentrale Lage ist einfach ideal, das Ambiente in dem eher

1

Palma kulinarisch –
auf dem Mercat
de l'Olivar

Keine Markthalle weit und breit reicht dieser das Wasser. Hier gibt es, was Mallorca an Essbarem bietet: Gemüse, Obst, Gewürze, Backwaren, Fleisch und Fisch. Wer nicht selbst kochen mag, lässt sich an einem Gourmet-Stand ein paar frische, schmackhafte Tapas schmecken.

Erst einmal nichts wie ab in den Fischmarkt des **Mercat de l'Olivar** 9 . Mit ihrem frischen Angebot borden die Stände über. Hellrote Garnelen leuchten neben bärtigen Miesmuscheln. Kleine und große Kalamare konkurrieren mit der behäbigen Sepia. Ein Seewolf reißt sein breites Maul auf. Silbrig schimmern die Leiber der Sardellen und Sardinen. Das Angebot aus mallorquinischen Gewässern ist zwar in der Minderheit, gegenüber dem eingeflogenen Atlantikfang jedoch wieder im Kommen.

Das Ritual des Kaufs

Sachverständig verhandeln die Kunden über Vor- und Nachteile der Ware. Ist der Fisch ausgewählt, kappt die Händlerin Flossen und Kopf, entnimmt die Eingeweide und schneidet die Koteletts zurecht. Am Nachbarstand wird erklärt, wie die Krebse zu garen sind. Die Zeit dafür muss sein. Zwei I-Tüpfelchen im Fischmarktbereich: ein Stand für Sushi und eine Gastrobar, die Champagner zu Meeresfrüchten reicht.

In der Obst- und Gemüsehalle nebenan fällt die Kaufentscheidung schwer. Erfrischende Wasser- und Honigmelonen liegen mundfertig zugeschnitten bereit, Granatäpfel fallen ins Auge, *chirimoyas* erinnern an Tannenzapfen und schmecken wie Birnen. An manchen Ständen werden frische Säfte gemixt. Im Gemüsesektor zählen Wildspargel und Waldpilze zu den Inselbesonderheiten. Von der Decke hängen Zöpfe aus bunten Pfefferschoten, Zwiebeln, Knoblauch, Lorbeerzweigen und aromatischen Inseltomaten.

Was sind eigentlich *gingols?* In den Herbstmonaten tauchen die kleinen braunen Früchte, die von einem rosenähnlichen Strauch stammen, auf den Inselmärkten auf. Auf Deutsch heißen sie ›Chinesische Datteln‹. Ihr Geschmack ist schwer zu beschreiben, am ehesten ähnelt er dem von Äpfeln. Manche Mallorquiner mögen die vitaminreichen *gingols* eher unreif und säuerlich, andere bevorzugen sie vollreif und süß.

Angst vor Meeresgetier? Dann sollten Sie dieser Dame nicht zu nahe treten.

Viele kleine Extras

Einige Stände führen speziell Trockenfrüchte, Nüsse, Pinienkerne, Pistazien und natürlich die kleinen, einheimischen Mandeln. Aus einem losen Angebot an Bonbons, Lakritz und Geleefrüchten stellen Käufer ihre persönliche Mischung zusammen.

Bei den Wurstwaren duftet es verführerisch. Ganze Schinken warten darauf, mit dem scharfen Messer in feinste Scheiben zerteilt zu werden. Würziger Käse von Mallorca und Menorca kommt in handlichen Laiben daher. In Gläsern lagert Eingelegtes, etwa Kapern oder Meerfenchel, beliebte Beilagen zum Bauernbrot, das Bäcker ebenso bereithalten wie die luftigen *ensaïmadas*, die typischen Teigschnecken.

Gaumengenuss nicht versäumen

Zum Abschluss dann an einer Tapas-Theke schlemmen? Um die Mittagszeit sind die wenigen Barhocker vor den Tresen schnell vergeben. Wer sich nicht zwischen sauer eingelegten Sardellen, frittierten Tintenfischringen, russischem Salat und vielem mehr entscheiden kann, bestellt einfach zwei oder drei dieser Köstlichkeiten.

INFOS/ÖFFNUNGSZEITEN
Mercat de l'Olivar 9:
Plaça de l'Olivar 4, www.mercatolivar.com, Mo–Fr 7–14.30, Fr z. T. bis 20 Uhr, Sa 7–15, Tapas 3–6 €

KULINARISCHES FÜR ZWISCHENDRIN
Im Gewölbe eines Stadtpalasts logiert das schicke **Cappuccino** 5, ›der‹ Treff nach dem Einkaufsbummel (Carrer Sant Miquel 53, Mo–Sa), ein Mix aus Café und Gastrobar, wo vom Frühstück bis zum abendlichen Cocktail nur das Beste auf den Tisch kommt. Wenn Ihnen der Sinn mehr nach Deftigem steht, holen Sie sich doch bei **Viandas de Salamanca** 6 ein Baguette mit Schinken vom iberischen Schwein (Carrer Sant Miquel 33).

klassischen Gebäude stimmt, und wer dann noch eines der Zimmer mit weitem Meerblick über die Dächer der Stadt erwischt, ist fein raus.

Av. Jaume III 9, T 971 72 73 40, www.hotel almudaina.com, €€

Nostalgisches Flair erspüren
Born ❷
Hier übernachten Sie in einem Adelspalast aus dem 16. Jh., frühstücken im Innenhof unter Palmen und genießen die wohltuende Ruhe. Zimmer einfach, aber stilecht eingerichtet, am schönsten diejenigen mit Himmelbett.

Carrer Sant Jaume 3, T 971 71 29 42, www.hotelborn.com, €€

Zeitgemäßes Boutique-Hotel
Brondo Architect Hotel ❸
Jedes der 26 Zimmer ist einzigartig. Die bewusst unvollkommen gehaltene Einrichtung im Design eines Industrielofts kontrastiert mit dem Rahmen, den der Stadtpalast des 17. Jh. bietet. Für Menschen, die einen Hauch Exzentrik lieben.

Carrer Can Brondo 4, T 971 72 05 07, www. brondoarchitecthotel.com, €€

Wohnkultur mit Charme
Santa Clara Urban Hotel ❹
Freigelegte Originalholzbalken und Natursteinwände in den Räumen passen zum Ambiente des historischen Gebäudes. Die Dachterrasse mit Blick über Kathedrale und Meer ist im Lounge-Stil möbliert und zum Chillen ideal, das Spa zum Relaxen.

Carrer Sant Alonso 16, T 971 72 92 31, www.santaclarahotel.es, €€€

🍴 **Satt & glücklich**

In der Fressgasse **Carrer dels Apuntadors** ❶ herrscht nächtens Fiestastimmung. Das Nennen einzelner Lokale erübrigt sich. Alle haben ein ähnliches, uriges Ambiente, im Angebot sind überall Tapas. Am besten lassen Sie sich treiben und entscheiden spontan, in welcher Kneipe ein Drink und ein leckeres Häppchen lohnen, bevor Sie in die nächste Bar weiterziehen.

Der unverwüstliche Klassiker
Celler Sa Premsa ❷
Zwischen Weinfässern und historischen Stierkampfplakaten kommt solide Hausmannskost auf den Tisch: Paella, Spanferkel, Knoblauchhuhn. Riesige Auswahl, riesige Portionen, viele einheimische Gäste.

Plaça Bisbe Berenguer de Palou 8, T 971 72 35 29, www.cellersapremsa.com, Mo–Sa 12–16, 19.30–22.30/23.30 Uhr, Juli/Aug. nur Mo–Fr abends, €€

Maroder Charme ist das Markenzeichen manches alten Hauses in Palma.

Zum Sehen und Gesehenwerden
Bar Bosch

Immer noch *the place to be*, obwohl es viele Nachahmer gibt. An den Tischen auf dem Schildkrötenplatz treffen sich seit 1936 ›alle‹: auf einen kurzen Plausch, einen schnellen Kaffee, ein Glas Wein. Dazu wird *llagosta* bestellt, keine Languste, sondern ein *bocadillo* mit Öl und Tomate.

Plaça Rei Joan Carles I., T 971 71 22 28, Mo–Sa 7–1, So 8–1 Uhr, €

Seit Langem ein Künstlertreff
Can Joan de S'Aigo ❹

Auch Joan Miró genoss das Jugendstilambiente und die dicke, heiße Schokolade, von der es heißt, der Löffel bliebe darin stecken. Das können wir so nicht bestätigen. Dick genug ist sie aber allemal. Wer noch einen draufsetzen möchte, bestellt dazu eine schmalzige *ensaïmada*.

Carrer Can Sanç 10, T 971 71 07 59, www.canjoandesaigo.com, tgl. 8–21 Uhr, €

Stöbern & entdecken

Goldschmiedekunst
Boris Jakob

Natürlichen Formen sind Gold- und Silberschmuck nachempfunden, alles aus eigener Herstellung. Alle zwei/drei Jahre erfindet der Künstler seine Kollektion neu.

Carrer Paraires 11, www.borisjakob.com, Mo–Fr 10–20, Sa 11–14.30 Uhr

Süße Versuchungen
Bonboneria La Pajarita ❷

Seit 1872 werden hier kandierte Früchte, Bonbons und Pralinen hergestellt. Nebenan ein Delikatessenladen unter derselben Leitung.

Carrer Sant Nicolau 4, www.lapajarita1872. com, Mo–Fr 10–14, 16.30–20, Sa 10–14 Uhr

---

☀ Wenn die Nacht beginnt

Barocke Cocktailbar
Abaco ✹

Legendäre Location für einen Absacker in einem alten Stadtpalast. Opulente Blu-men- und Früchtedekoration, klassische Musik, professionell gemixte Getränke.

Carrer Sant Joan 1, www.bar-abaco.es, So–Do 20–1, Fr/Sa 20–2 Uhr

Tolle Livemusik
Shamrock Palma

In der irischen Gastrobar werden Rock, Pop, Jazz, Country und Blues live gespielt. Mit Sehnsucht erwarten alle Stammgäste den Saint Patrick's Day im März, an dem irische Folk Bands den Ton angeben.

Av. Gabriel Roca 3, http://shamrockpalma.com, tgl. 18–2 Uhr

⛵ Sport & Aktivitäten

Palma per Drahtesel
Palma on Bike ❶

Die Firma vermietet verschiedenste Räder, auch E-Bikes, und bietet geführte Radtouren an. Entlang der gesamten Uferstraße zieht sich ein guter Radweg. Zu Fahrradvermietung siehe auch unten.

Av. Antoni Maura 10, T 971 91 89 88, www.palmaonbike.com

INFOS

Oficina de Turismo: Plaça de la Reina 2, T 971 17 39 90, www.infomallorca.net, www.visitpalma.cat; weitere Info-stellen u. a. im Parc de la Mar und an der Plaça d'Espanya.

Stadtbusse: EMT, T 971 21 44 44, www.emtpalma.cat, Einzelfahrschein 2 €, zum Flughafen 5 €.

Sightseeingbus: CitySightseeing, https://city-sightseeing-spain.com, Hop-on Hop-off, 24 Std. 18 €, inkl. Bootsfahrt im Hafen 28 €.

Fahrrad: Etwa 40 öffentliche Verleihstationen stehen zur Verfügung. Nutzung nur für online angemeldete Kunden, man zahlt mit Kreditkarte und erhält dann einen Code. Infos und Buchung: www.mobipalma.mobi.

Flughafen: ▶ S. 108
Züge und Busse: ▶ S. 113
Fähren: ▶ S. 113

Auf den ersten Blick wirken sie kitschig, die merkwürdigen weißen Tonfiguren mit roten und grünen Pinselstrichen und Pfeifenmund. Joan Miró hatte einen Faible für die heute in jedem Souvenirshop erhältlichen Siurells. In seinem Atelier Taller Sert (▶ S. 27) ist die umfangreiche Sammlung des Künstlers zu besichtigen. Früher riefen die Bauern Mallorcas mit ihnen den Regen herbei. Miró soll so begeistert von den Figürchen gewesen sein, dass er auch seinen Freund und Künstlerkollegen Picasso immer wieder damit beschenkte.

Hafenrundfahrt: Cruceros Marco Polo, T 647 84 36 67, www.crucerosmarco polo.com, Buchung und Zahlung online möglich, März–Okt. Mo–Sa 11–16 Uhr Abfahrten jeweils zur vollen Stunde, 12 €.
Kutschfahrten: Noch 28 Pferdedroschken *(galeres)* gibt es im Zentrum von Palma. Sie starten u. a. bei der Kathedrale zu Rundfahrten. Einheitliche Tarife, 30 Min. kosten 35 €, 45 Min. 45 €, 1 Std. 60 €.

TERMINE

Sant Sebastià: 20. Jan. Fest des Schutzpatrons von Palma mit Umzug von *gegants* (traditionellen Riesenfiguren) und großem Feuerwerk am Hafen. Am Vorabend viele Konzerte und Freudenfeuer in den Straßen.
Festa de l'Angel Custodi: So nach Ostern. Das ›Fest des Schutzengels‹ geht auf eine mittelalterliche Armenspeisung zurück. Heute veranstalten die Palmeser eine Wallfahrt vom Rathaus zum Bosc de Bellver, wo sie unterhalb der Burg von *gegants* empfangen werden. Traditionelle Tänze, Theatervorführung der

›Prozession des Engels‹, anschließend gemeinsames Picknick.
TaPalma: Ende Nov./Anf. Dez. Etwa einwöchige Tapas-Messe mit Show Cooking auf dem Passeig des Born und gastronomische Routen durch die Innenstadt, wo Dutzende Restaurants spezielle Tapas zu günstigem Preis anbieten. Infos: www.tapalma.es.

IN DER UMGEBUNG

Hoch über der Stadt
Die Trutzburg ist rund. Na und? Immerhin ist das **Castell de Bellver** (🗺 C 5) damit einmalig für Spanien, wo Kastelle rechteckig oder gar quadratisch zu sein haben. Ungewöhnlich auch für ganz Europa, Vergleichbares findet sich nur bei den Kreuzritterburgen im Orient. Einzig der seitlich errichtete und über eine Brücke angebundene Torre de Homenatje (›Turm der Ehre‹) stört die Symmetrie. Arkaden umgeben den Innenhof. Steile Stiegen führen zum Wehrgang hinauf, von oben fällt der Blick auf die Bucht von Palma. Ab 1300 ließen die Könige von Mallorca die stolze Burg als Sommerresidenz errichten. Meist waren sie aber in Kriege auf dem Festland verwickelt und hielten sich in Perpignan auf. So diente das Castell Bellver eher als Gefängnis. Heute beherbergt es eine stadthistorische Ausstellung (https://castelldebellver. palma.cat, Di–Sa 10–18, April–Sept. bis 19, So 10–15 Uhr, 4 €).
Ringsum der riesige **Bosc de Bellver**, ehemals Jagdpark der Könige, steht unter Naturschutz. Im Frühjahr sprießen in dem lichten Buschwald Orchideen. Spaziergänger, Jogger und Radfahrer nutzen das Netz aus breiteren und schmaleren Wegen (frei zugänglich).

Künstleratelier
Hinter hässlichen Hochhäusern versteckt sich die **Fundació Pilar i Joan Miró** (🗺 C 5). So idyllisch wie hier mag es in Palmas Vorort Cala Mayor überall ausgesehen haben, als Joan Miró das kleine Haus in dem riesigen Garten bezog. Von 1956 bis zu seinem Tod 1983 lebte der

katalanische Ausnahmekünstler, dessen surrealistische Bilder mit Farbenfreude und magischen Symbolen verzaubern, auf Mallorca. Im gemeinsamen Testament mit seiner Frau Pilar vermachte er das Anwesen einer Stiftung, die jetzt Werke von Miró präsentiert.

Laut Architekt nur Zufall:
Das Dach des Taller Sert ist
wie ein ›M‹ (wie Miró) geschwungen.

Der Grundriss des Ausstellungsgebäudes wird als Zitadelle interpretiert, die sich gegen die Auswüchse der Bautätigkeit in der Nachbarschaft verteidigt. Im Skulpturengarten ist die bildhauerische Arbeit des Künstlers in Wasserflächen und mediterrane Vegetation eingebettet. Ganz hinten verbirgt sich ein 1956 vom katalanischen Architekten Josep Lluis Sert ganz im Sinne seines berühmten Vorbilds Le Corbusier errichtetes Atelier. Der **Taller Sert** wurde Miró aber rasch zu unpersönlich. Mehr Intimität fand er ab 1959 in seinem zweiten Atelier, dem benachbarten Son Boter, einem typisch mallorquinischen Haus.
Cala Mayor, Carrer Joan de Saridakis 29, http://miro.palmademallorca.es, Mitte Mai–Mitte Sept. Di–Sa 10–19, So/Fei 10–15, Mitte Sept.–Mitte Mai Di–Sa 10–18, So/Fei 10–15 Uhr, 9 €, Stadtbus 4, 20, 46

Der unvermeidliche ›Ballermann‹
Zu der berühmt-berüchtigten Partyzone an der **Platja de Palma** (🗺 D 5) gibt es nicht viel zu sagen. Dies übernimmt die Regenbogenpresse regelmäßig und genüsslich während des Sommerlochs. Damit Besucher die Orientierung nicht verlieren, ist der 4 km lange Strand in 15 *Balnearios* (Badezonen)

unterteilt. Das moderne, vorwiegend von deutschen Urlaubern aufgesuchte Hotelviertel hat seinen Mittelpunkt beim Balneario 7. Gefeiert wird rund um den Balneario 6 (›Ballermann‹) in der ›Bierstraße‹ und ›Schinkenstraße‹. Nachdem zwei Corona-Jahre Lokalen wie Oberbayern, Bierkönig und Megapark schwer zugesetzt haben, soll dort ab 2022 wieder die Party steigen. Von Balneario 4 abwärts bis zum Hafen von **S'Arenal** geht es bunter zu, mit Black-Music-Pubs und Asia-Restaurants. Trotz aller Vorurteile hat die Platja de Palma auch ihre guten Seiten. Sie ist sauber und hellsandig, kinderfreundlich und von einer breiten, autofreien Promenade gesäumt. Jegliche touristische Infrastruktur ist vorhanden – nur das authentische Mallorca fehlt. Für alle, die nicht mitfeiern mögen, empfehlen sich Zeiten außerhalb der Badesaison. Dann ist die Platja de Palma als verkehrsgünstig gelegener Standort für Inselerkundungen eine Option.

Balneario 6 wurde in bierseliger Stimmung auf Urlauberdeutsch zu **Ballermann 6** verstümmelt, so die gängige Erklärung. Aber stimmt das überhaupt? In Karlsruhe gingen von 1969 bis 2016 im Kult-Imbiss »Ballermann« Currywürste über die Theke. Den griffigen Namen lieh sich Gründer Karl Heinz Schmiedemeier von der Whiskymarke Ballantine's. Mitte der 1970er überführten Geschäftspartner sein Konzept an die Platja de Palma. Rasch übertraf der neue »Ballermann« das Original an Berühmtheit. Inzwischen in **B06** umbenannt, zieht er – obwohl das legendäre ›Eimersaufen‹ verboten wurde – nach wie vor zahlreiche deutsche Partytouristen und Neugierige an.

Berg der Einsiedler – zum Puig de Randa

Der Tafelberg ist nicht wirklich schön. Signalmasten überragen den platten Gipfel, doch er bietet den perfekten Panoramablick. Und hier stehen drei Klöster, von Eremiten im Mittelalter gegründet und teilweise bis heute in Betrieb.

Drohend wölbt sich eine Felswand über die Einsiedelei **Santuari Nostra Senyora de Gràcia** **1** (15. Jh.). Aber die lange Promenade vor der Anlage, von der lediglich die Kirche zugänglich ist, wirkt einladend dank der gärtnerischen Gestaltung und der Sitzbänke mit Blick über Mallorcas Süden. Zum weiteren Beinevertreten gibt es auf dem Berg nicht allzu viele Möglichkeiten. Der alte Pilgerweg ist jetzt großenteils Straße, nur manchmal schneidet er deren Kurven ab.

Immerhin verbindet ein steiler 10-minütiger Fußweg, durch Steinmännchen markiert, das Einfahrtstor dieses unteren Klosters mit dem mittleren Kloster **Ermita de Sant Honorat** **2** (1394), das Sie auch per Auto erreichen können. Seine Mönche leben in strenger Klausur. Daher ist auch hier nur die Kirche mit dem schattigen Brunnenhof davor zu besichtigen.

Ein gastfreundliches Kloster

Das dritte Kloster schließlich, das festungsähnliche und nichtsdestotrotz gastfreundliche **Santuari de Nostra Senyora de Cura** **3**, nimmt den Gipfel des Puig de Randa (543 m) ein. Nicht verspielte Details, sondern klare Linien kennzeichnen den Gebäudekomplex. Nach Südwesten öffnen sich strenge Arkaden, unter denen die Tische der Klostergaststätte stehen. Von hier schweift der Blick über Palma hinweg zur Serra de Tramuntana.

Der geräumige Pilgerhof wirkt immer ein bisschen leer. Ganz anders ein paar Treppenstufen höher der wildromantische Garten um die Statue von Ramon Llull (1235–1315), auf den die Gründung des Marienheiligtums zurückgeführt wird.

Die Morgensonne bringt die Felsen des Puig de Randa zum Leuchten, in den Tälern der Ebene wogt der Frühnebel.

Ramon Llull war eine schillernde Persönlichkeit. Nach einem skandalträchtigen Leben als Edelmann am Königshof hatte er mit 30 Jahren sein Erweckungserlebnis, trug fortan nur noch eine selbst geschneiderte Kutte und widmete sich der Orientmission. Schließlich soll er in Algerien gesteinigt worden sein, historisch belegt ist dies nicht.

Die Höhle der Erleuchtung

Am Südhang unterhalb des Santuari de Nostra Senyora de Cura liegt die **Cova Ramon Llull** 4. Ab dem Klosterparkplatz erst auf einer kurzen Straße, dann links auf gut ausgebautem Pfad durch duftendes mediterranes Buschwerk mit Schmetterlingen und Heuschrecken erreichen Sie nach 10 Min. Fußweg die Höhle, in die sich Llull um 1275 für acht Tage zurückgezogen haben soll. Dort hatte er eine Erleuchtung und schrieb anschließend sein Buch »Ars magna«, in dem er seine Kombinationsmaschine für den Nachweis der Existenz Gottes entwarf. Für den Besuch benötigt man einen Schlüssel (s.u.).

Ü ÜBRIGENS

Die **Kombinationsmaschine** von **Ramon Llull** gilt als Vorläufer des Computers. Schon Gottfried Wilhelm Leibnitz baute um 1700 nach seinen Vorgaben eine Rechenmaschine mit drei Kreisscheiben. Bei jeder Drehung entstehen neue Buchstabenkombinationen, die in sinnvolle Sätze verwandelt werden können. Experten übersetzten Llulls Logik in Computersprachen – die Programme funktionieren.

INFOS/ÖFFNUNGSZEITEN

Infos: www.santuaridecura.com; die Klöster sind tagsüber geöffnet; Zugang zur Cova de Ramon Llull tgl. 10–14 Uhr, Eintritt frei (Schlüssel an der Rezeption des Santuari de Cura).

KULINARISCHES FÜR ZWISCHENDRIN

Die Klostergaststätte **Santuari de Cura** 3 sorgt für bodenständige Verpflegung (Cafeteria tgl. ab 8.15, Winter ab 10, Restaurant tgl. 12–16.30, Di–So auch 19–22, Winter nur 12–16.30 Uhr, €€). In Randa treffen sich Radfahrer und Wanderer auf der Straßenterrasse der **Celler Bar Randa** 1 (Carrer Església 24, T 971 66 09 89, Mi–So, €€).

IN FREMDEN BETTEN

Aussichtsreiche, komfortable Zimmer

bietet die **Pilgerherberge Santuari de Cura** 3 (T 971 12 02 60, www.santuaridecura.com, Ende Feb.–Anf. Nov., €). Unten in Randa findet sich das kleine, mit Antiquitäten eingerichtete Landhotel **Es Recó de Randa** 1 (Carrer Font 21, T 971 66 09 97, bei Redaktionsschluss vorübergehend geschl.).

Llucmajor ◫ E 6

Hier zeigt sich Mallorca von seiner ursprünglichen Seite. Am Freitagvormittag füllt sich die Stadt zum Markt auf der Plaça Espanya. Dort kaufen Einheimische Obst, Gemüse, Gewürze, Kaninchen, Geflügel, Keramik, Kleidung und was sie sonst noch alles brauchen.

Zentrum des Jugendstils
Die Plaça Espanya bildet ein langgezogenes Dreieck, dessen Spitze nach Süden zeigt. An ihrer kurzen Nordseite hält die Casa Consistorial, das Rathaus von 1882, die Stellung. Westlich grenzt die Markthalle an den Platz, ein Jugendstilgebäude von 1915. Ihr vis-à-vis reihen sich an der Ostseite gleich mehrere einst herrschaftliche Bürgerhäuser aus der gleichen Zeit. Ein Streifzug durch die Gassen rund um den Platz zeigt interessante Details. Viele der ockerfarbenen Natursteinhäuser haben zwei-, dreihundert Jahre auf dem Buckel. Sie wirken wie Miniaturausgaben der Stadtpaläste in Palma. An Eisenringen oder Haken neben den Türen banden Besucher ihre Pferde oder Esel an. Manche Hausfassaden zieren Sonnenuhren oder Heiligenfiguren.

🍴 Nicht nur optisch ein Genuss
Café Colon
Das 1928 eröffnete Café protzt mit seiner reich verzierten Jugendstilfassade. Am Tresen versammeln sich die Mallorquiner an Markttagen zu einem Schwatz. Wer draußen sitzt, begutachtet das Geschehen auf dem Platz.
Plaça Espanya 17, T 971 66 00 02, Mi–Mo, €

ⓘ Termine
Fires de Llucmajor: Ende Sept.–Mitte Okt. an drei Sonntagen. Landwirtschafts- und Kunsthandwerksmesse seit 1546. Höhepunkt am zweiten Sonntag ist vormittags ist das Treffen der *gegants* (Riesenfiguren) aus ganz Mallorca.

IN DER UMGEBUNG

Der Schlemmerort
Hierher fahren einheimische Familien am Sonntag, um deftig zu essen. Auf die 5300 Einwohner von **Algaida** (◫ E 5) kommen sage und schreibe 13 Restaurants. Sie gehen auf Gasthöfe zurück, die im 19. Jh. auf dem damals noch langwierigen Weg von Palma nach Manacor Übernachtungsmöglichkeit und Verköstigung für die Reisenden boten.

🍴 In der alten Poststation
Ca'l Dimoni
Würste hängen dekorativ von der Decke des Traditionslokals. Dessen typische Küche schätzen Mallorquiner wie Touristen gleichermaßen: *pa amb oli*, *butifarró* (Blutwurst) auf Holzkohlenfeuer gebraten, *frit mallorquí*, Spanferkel.
Ma-15 Palma–Manacor, Ausfahrt 22, T 971 66 50 35, Do–Di, €€

🛍 Elegantes aus Glas
Gordiola
Hell lodern die Flammen auf, wenn die Glasbläser in dem burgartigen Gewölbe ihr archaisches Handwerk ausüben. Im Obergeschoss zeigt ein nostalgisches Museum historische Gläser. Riesiges Angebot an Glaswaren im Shop.
Ma-15 Palma–Manacor, Km 19, www.gordiola.com, Mo–Fr 9–18, Sa 9–14 Uhr

LESESTOFF

Bei Llucmajor entschied sich das Schicksal Mallorcas. Im Jahre 1349 fiel der letzte Inselkönig, Jaume III., in der **Entscheidungsschlacht** gegen die Truppen aus Aragón. Iny Lorentz setzte in dem Roman »Die Rebellinnen« (2015) die dramatischen Ereignisse der damaligen Zeit in Szene.

Abseits der Touristenströme: Im ruhigen Gebirgsdorf Bunyola kann der lauschige Kirchplatz auch schon mal getrost zum Spielplatz umfunktioniert werden.

Bunyola 🗺 D 3/4

Typischer könnte ein mallorquinisches Gebirgsdorf kaum sein. Von größeren Besucherströmen bleibt Bunyola unberührt, obwohl hier die meisten historischen Züge von Palma nach Sóller halten.

Ein Bild von einem Ort
Ockerfarbene Natursteinhäuser, mit Blumen geschmückt, säumen die Treppengassen oberhalb der Kirche, die zu einem Spaziergang einladen. Es gibt jede Menge Kleinigkeiten zu bestaunen und Leute zu gucken. Anschließend bietet sich die Einkehr in einem der Cafés am Kirchplatz an.

❶ Infos
Züge: Je 4 x tgl. nach Sóller und Palma (▶ S. 113). Achtung: Die im Sommer zusätzlich eingesetzten Urlaubssonderzüge halten nicht in Bunyola!

···
IN DER UMGEBUNG
···

Ein romantischer Garten
Nachdem sich Modezarin Jil Sander um **Raixa** (🗺 D 4) bemüht hatte, nahm die Balearenregierung ihr Vorkaufsrecht wahr, renovierte das Landgut und brachte hier ein Besucherzentrum zur Serra de Tramuntana unter. Ab 1797 ließ Kardinal Antoni Despuig den alten maurischen Sommersitz im italienischen Stil umbauen. Eine elegante Loggia weist zum kleineren südlichen Garten. Lauschiger ist der nördliche, an einen Hügel geschmiegte Gartenteil. Eine Freitreppe führt hinauf, von Zypressen gesäumt und mit Löwenfiguren und römischen Skulpturen geschmückt. Verschwiegene Pfade leiten zu halb verfallenen Kapellen und Pavillons, absichtlich als Ruinen errichtet. Von ganz oben schweift der Blick in die Ferne.
Ma-11 Palma–Sóller, Km 12, Di–Sa 10–15, Hochsommer bis 17 Uhr, https://raixa.consell demallorca.ct

Porto Portals 🗺 C 5

Hier treffen sich die Schönen und Reichen. Als Kulisse dient ihnen der mondänste Jachthafen Mallorcas. Die Boote decken die Kategorien teuer bis unbezahlbar ab. Sehen und Gesehenwerden zählt. Zuschauen darf auch, wer nicht über eine Luxusjacht verfügt.

Am Hafen reihen sich exklusive Cafés, abends füllen sich die schicken Restaurants und Cocktailbars.

⌂ Traumhafte Lage in den Klippen
Bendinat

Ein traditionelles mediterranes Herrenhaus wurde in ein Hotel mit 54 Zimmern verwandelt, die im Hauptgebäude klassisch, die in den neueren Nebengebäuden modern. Für Menschen, die Badeurlaub ohne Partyrummel machen wollen.

Carrer Andrés Ferret Sobral 1, T 971 67 57 25, www.hotelbendinat.es, €€€

⏻ Wenn es das Besondere sein soll
Flanigan

Anspruchsvolle spanische Küche mit klassischer Note am Nobelhafen. Einheimische Familien, darunter durchaus auch Prominenz, finden sich mittags vor allem am Wochenende ein. Ein Platz ist dann schwer zu bekommen.

Puerto Portals, 16, T 971 67 91 91, www.flanigan.es, tgl. 9–23 Uhr, €€€

....

IN DER UMGEBUNG

....

Höhle in den Klippen

Sobald Sie die beiden umtriebigen, von britischen Urlaubern dominierten Ferienorte **Palmanova** (🗺 B 5) und **Magaluf** (🗺 B 5/6) umfahren haben, tauchen Sie in einen weitläufigen Kiefernwald ein. In diesem überraschend stillen Teil der Südwestküste liegt die Kleeblattbucht **Cala Portals Vells** (🗺 B 6). Jeder ihrer drei Zipfel birgt einen kleinen Sandstrand, alles blieb praktisch naturbelassen. In der mittleren Bucht wird an der **Platja del Mago** offiziell FKK betrieben. Im Sommer öffnet ein Strandlokal, ebenso an der südlichen **Platja Portals Vells.**

An deren Südrand führt ein steiniger Pfad in 5 Minuten zur geheimnisvollen **Cova Mare de Déu.** Das finstere Gewölbe, deutlich von Menschenhand geschaffen, hat mehrere Eingänge. Innen lässt ein Altar an eine Kirche denken. Seltsame Symbole zieren ihn: Sonne und Halbmond, Räder, ein bär-

tiger Kopf mit Flügeln. Die Darstellung einer Schlange, die sich selbst in den Schwanz beißt, umgibt eine eigentümliche Weihwassernische. In Seenot geratene Matrosen aus Genua sollen hier um 1450 eine Marienfigur aufgestellt haben, zum Dank für ihre Rettung. Wenige Jahrzehnte später widmeten ihr die Gläubigen der Umgebung den Altar – naive Volkskunst aus der Zeit der Renaissance. In der Höhle besteht Steinschlaggefahr, bei der Erkundung ist also Vorsicht geboten. Aus diesem Grund wurde die Madonna in die Kirche von Portals Nous überführt.

Windräder pumpten auf Mallorca früher das Wasser auf die Felder, heute bieten sie hübsche Fotomotive.

Santa Ponça 🗺 B 5/6

Vielleicht wohnen Sie ja in Santa Ponça, in den ruhigeren Monaten ist das gar kein so schlechter Standort. Mildes Klima, ein von Pinien gerahmter Strand, Straßencafés in der Fußgängerzone. Ferienwohnungen in den Betonburgen am Meer werden in der Nebensaison über Buchungsseiten im Internet oft recht preisgünstig vermietet.

Promi-Kneipen

Das ehemalige Kultbistro König von Mallorca, in dem Jürgen Drews, der ungekrönte Schlagerkönig der Insel, häufig zu Gast war, heißt jetzt **Sir Henry** (Car-

rer Gran Via Puig Massanella 1, https://
sirhenry.restaurant, Mo–Fr 16.30–24,
Sa/So 13–24 Uhr). Alles ist etwas feiner
geworden. Unter der Leitung von Wett-
anbieter Henry Kalkmann wird das Lokal
eine Kombination aus Sportsbar und
Foodclub sein. Das legendäre **Café Katzenberger** hat schon 2017 seine Pforten geschlossen. Reality-Show-Blondine
Daniela Katzenberger plant vorerst auch
keine Wiedereröffnung. So lohnt es sich
nicht mehr, wegen eines Autogramms
der »Katze« in die Avinguda del Rei
Jaume in zu pilgern. In den Räumlichkeiten
des Cafés befindet sich inzwischen ein
Supermarkt.

IN DER UMGEBUNG

Archäologiepark mit Panoramablick
Bei Santa Ponça häufen sich die prähistorischen Funde. Von der Megalithkultur
bis zur Reconquista 1229 war der Puig
de sa Morisca (119 m) nordöstlich des
heutigen Ortes besiedelt. Heute führt
durch den **Parc Arqueològic Puig de
sa Morisca** (🗺 B 5, frei zugänglich)
ein verwirrendes Netz von Spazier- und
Wanderwegen. Unter den Ausgrabungs-
stätten, die es berührt, ragt der 9 m
breite Talayot (Wehrturm) am Gipfel
heraus. Von dort überblicken Sie bestens
die Bucht von Santa Ponça.

Peguera 🗺 B 5

**Hier ist auch im Winter etwas los.
Einer der wenigen Strandorte Mallorcas, wo in der kalten Jahreszeit
nicht die Bürgersteige hochgeklappt werden. Und ein gewisses
Niveau wird auch bewahrt. Für
einen Badeurlaub bietet Peguera
drei schöne breite Strände, durch
Felsnasen getrennt. Flaniermeile
ist der Bulevar mit Boutiquen,
Esslokalen und Bars.**

Ein steiniges Kap
In diesem Buch ist kein Platz für lange
Wanderbeschreibungen. Aber ein paar

Hinweise sollen schon sein. Etwa auf die
relativ leichte, wenn auch holprige Tour
zum Piratenwachturm auf dem **Cap
Andritxol** (mit Rückweg 2 Std.).
Wer darüber hinaus zum Kap kraxelt,
lässt sich dort den Wind um die Nase
blasen. Die genaue Wegbeschreibung
dazu gibt es im örtlichen Informationsbüro.

🏠 Traditionshaus am Meer
Cala Fornells
Besticht durch seine Lage am Strand
und die schattige Terrasse. Ein sym-
pathischer 4-Sterne-Klassiker, dessen
Einrichtung zwar nicht in allen Punkten
ganz *up to date* ist, aber Tradition und
Moderne gekonnt verbindet.
Ctra. Cala Fornells 76, T 971 68 69 50,
www.calafornells.com, €€

❶ Infos
OMIT Peguera: Carrer Ratolí 1, T 971
68 70 83, www.visitcalvia.com.

IN DER UMGEBUNG

Refugium für Ruhesuchende
Der Ort ist zugegebenermaßen nicht die
Wucht. Eigentlich herrscht ›tote Hose‹
in **Camp de Mar** (🗺 A 5), denn die
Superreichen, die hinter hohen Mauern
und langen Zäunen residieren, wollen
ihre Ruhe haben. Zwei große Ferienhotels
stehen an der kurzen Meerespromenade.
Der Strand liegt in einer wunderschönen,
von Kiefernwäldern umgebenen Bucht.
Für einen beschaulichen Badeurlaub ohne
das übliche Remmidemmi eignet sich
Camp de Mar gut.

🏠 Mediterraner Stil und beste Lage
Bahía Suites
Brauchbare Aparthotels auf Mallorca
zu finden ist gar nicht so einfach. Hier
ist eines. Die Suiten sind funktional eingerichtet mit Pantryküche. Baderatten
freuen sich über die Lage am Meer, den
Infinity-Außenpool und den Wellnessbereich mit Innenpool.
Carrer Francisca Capllonch Plomer 11,
T 971 23 50 33, www.bahiasuites.es, €€

Gartenkunst der Mauren – in den Jardins d'Alfàbia

Pferde und ein Esel begrüßen die Besucher. Eine Steinbalustrade schirmt das Landgut zur Straße hin ab. Durch eine schattige Allee, wo früher die Herrschaften ritten oder mit der Kutsche fuhren, dürfen heute zahlende Gäste zum wuchtigen Eingangstor des Hauptgebäudes schreiten.

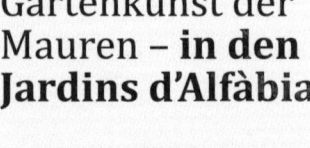

Die *clastra,* der typische Innenhof vornehmer Häuser, wird erst gegen Ende des Rundgangs betreten. Zunächst geht es links die von Palmen gesäumte Freitreppe hinauf, zum barocken **Gärtnerhaus,** vor dem Löwenfiguren wachen. Die **Zisterne** daneben, ein dunkler, mit Farnen und Moosen überwucherter Schlund, heißt ›Bad der Königin‹, seit Isabella I. 1859 auf dem Weg vom Hafen von Sóller nach Palma in Alfàbia übernachtete.

Kostbares Nass

Wasser spielt im Garten von Alfàbia eine überragende Rolle, nach dem Vorbild der ehemals maurischen Besitzer. Aus der Zisterne speisen sich Kaskaden, Teiche und Fontänen. In einer überrankten **Pergola** setzt per Knopfdruck ein plätscherndes Wasserspiel ein. Vom Ende des Laubengangs schweift der Blick über Orangenplantagen. Nebenan schützen Zypressen den symmetrischen Blumengarten vor kalten Fallwinden.

Während für diesen Gartenteil französische Vorbilder Pate standen, entstand weiter unten ein Park im englischen Landschaftsgartenstil. Zwischen Seerosenteichen winden sich dort Pfade durch einen Dschungel aus Macchiensträuchern. Perfekt bannten die Gärtner die alles versengende sommerliche Hitze. Ideal für eine Pause mit frischem Orangensaft, der an einem Stand zuweilen ausgeschenkt wird.

Das gotische Schloss

Nach der Reconquista übernahmen christliche Adlige das Anwesen. Ihr Landhaus, das ›**rote Schlöss-**

ÜBRIGENS

Der Wasserverbrauch in den traditionellen Gärten ist hoch. Nicht überall gibt es so ergiebige Quellen wie in Alfàbia. Daher kam seit den 1980er-Jahren ein **naturnaher Gartenstil** in Mode, der bei vielen Landhotels zu besichtigen ist, mit Pflanzen, die kaum oder gar nicht bewässert werden müssen. Sie zählen zur einheimischen Flora oder stammen aus anderen eher trockenen Gebieten. Einziges Gestaltungselement sind oft die für Mallorcas Landschaft typischen Feldmauern.

chen‹, birgt Jahrhunderte alte Möbel, Teppiche, Bilder und eine Bibliothek, die sogar Urkunden aus dem 13. Jh. bewahrt. Auch der Alkoven ist zu sehen, in dem Isabella II. nächtigte. Ende des 16. Jh. wurde ein Königsstuhl zum Gedenken an Jaume III. angefertigt, der 1349 in der schicksalhaften Schlacht von Llucmajor fiel (▸ S. 30). Gotische Holzschnitzerei zeichnet Szenen aus dem tragischen Leben des Königs nach.

Hereinspaziert: Die Treppenallee mit Palmen ist eine der großen Attraktionen der Jardins d'Alfàbia.

Durch das breite Gewölbe des Torturms verlassen Sie das Schloss. Hier stammt die Holzdecke von 1170 noch vom arabischen Gutshaus. Mit ihrem Honigwabenstil erinnert sie an die Alhambra von Granada. Ein Fries ist kufisch beschriftet, daneben prangen die Wappen der Herren von Alfàbia. Später fügte der König von Aragón das seine hinzu.

INFOS/ÖFFNUNGSZEITEN

Jardins d'Alfàbia **1**: www.jardinesde alfabia.com, März tgl. 9.30–17.30, April– Okt. tgl. 9.30–18.30 Uhr, Kassenschluss 1 Std. vorher, Nov.–Feb. geschl., 7,50 €

IN FREMDEN BETTEN

Sechs Ferienwohnungen im ›Kolonialstil‹, alle mit Küche und privater Terrasse, bietet **Alfàbia Nou** **1** im Nebengebäude eines alten Gutshofs. Hier urlauben Sie unabhängig und komfortabel. Ein Kaminzimmer sowie

Pool und Garten stehen allen Gästen zur Verfügung (T 971 14 82 48, www. alfabia-nou.com, €).

Faltplan: D 3 | **Anfahrt:** Ma-11 Palma–Soller, Km 17 (vor dem Soller-Tunnel)

Serra de Tramuntana

Geradezu alpin mutet das schroffe Kalkgebirge an, in dem Wanderer auf alten Pilgerpfaden unterwegs sind. In die Täler schmiegen sich ockerfarbene Dörfer und einsame Bauernhöfe. Nobel gibt sich der mondäne Hafen von Port d'Andratx. Ein prominentes Paar machte Valldemossa berühmt, Künstler leben in Deià. Sóller, von Orangenhainen umgeben, hat französisches Flair. So richtig bizarr wird die Landschaft auf der Serpentinenstrecke nach Sa Calobra. Ein magischer Ort ist das Kloster Lluc.

Andratx ◰ A 5

In den malerischen Treppengassen der Altstadt fällt ein Tourist noch auf. Oben von der wuchtigen Wehrkirche Santa Maria (13. Jh.) blicken Sie über die Dächer von Andratx. Eine Illusion gefällig? Wie es sich für eine ordentliche mittelalterliche Burg gehört, krönen Zinnen den Wehrturm. Wasserspeier in Form von Fantasiefiguren schauen von den Wänden herab, die Fenster zeigen Spitzbögen oder verspieltes Maßwerk. Und doch ist das Castell de Son Mas am Ortsrand von Andratx erst 1883 errichtet worden. Unterhalb des Kastells gedeihen im Stadtpark Palmen, Palmfarne und Baumstrelitzien. Am Mittwochvormittag füllt sich Andratx zum großen Wochenmarkt. Viele Urlauber aus den benachbarten Ferienorten steuern ihn an.

⌂ Das wahre Mallorca
Can Paco
Das rustikale Restaurant an der Straße nach Es Capdellà füllt sich vorwiegend um die Mittagszeit, denn da gibt es ein wöchentlich wechselndes, preisgünstiges Menü. Bitte keine Sterneküche erwarten, dafür geht es wirklich authentisch zu. Wunderbar der Blick von der Terrasse in die Berge.
Carrer Pere Seriol 8, T 971 13 79 08, http://mesoncanpaco.com, Di–Do nur mittags geöffnet, €

⌂ Blick auf das Geschehen
Bar Cubano
Zwanglos treffen sich hier Einheimische und gut informierte Touristen. Innen ist die Bar kultig eingerichtet, draußen stehen Tische am zentralen Platz. Über den Tresen gehen leckere, preisgünstige Tapas.
Plaza Pou 1, T 971 13 63 67, Mo–Sa, €

ⓘ Infos
O.I.T. Andratx: Av. de la Cúria 1, T 971 62 80 19, www.visit-andratx.com

---

IN DER UMGEBUNG

Künstler geben sich die Klinke in die Hand
Die mit 4000 m² Fläche größte Ausstellung zeitgenössischer Kunst in Europa. Jacob und Patricia Asbaek gründeten das **Centro Cultural Andratx (CCA)** im Jahre 2001. Werke internationaler und lokaler Künstler stehen zur Ansicht. Es gibt einen anspruchsvollen Shop und eine luftige Cafeteria. Im Sommer werden im Innenhof Konzerte veranstaltet, schwerpunktmäßig Klassik, Jazz und Flamenco.
Carrer Estanyera 2, Ma-1031 Richtung Es Capdellà, www.ccandratx.com, Di–Sa 11–17 Uhr, 8 €

Eine kleine Idylle
Inmitten von Mandelhainen schmiegt sich das Bergdorf **Galilea** (◰ B 4) an einen Südhang. Den biblischen Namen verdankt es wohl der lieblichen Landschaft. Manches der hübschen Häuser wechselte in den letzten Jahren seinen Besitzer, Menschen mit Geld kauften sich hier ein. Sie schätzen die gelassene Atmosphäre fern ab jeder Hektik.

ⓘ Schön im Freien sitzen
Trattoria & Lounge Galilea
Auf der lauschigen Terrasse mit Blick in die Bergwelt lässt es sich prima aushalten. Besonders beliebt sind die superdünne Pizza, die Paella und die üppigen Desserts. Radfahrer machen an dieser Station sehr gerne Halt.
Ctra. de Capdellà 5, T 639 38 37 65, Mi–Mo, €€

Port d'Andratx
◰ A 5

Auch hier die Reichen und Schönen, aber nicht so geballt wie in Porto Portals (▶ S. 31). Otto Normalverbraucher kann sich durchaus wohlfühlen und das Flair der riesigen Hafenbucht genie-

Warum erst noch mit dem Fischerboot raus? Fürs eigene Abendessen genügt es, die Angel in der Hafenbucht von Port d'Andratx auszuwerfen.

ßen, auch als Urlauber in einer der vielen Ferienwohnungen oder wenigen Hotels.

Noch recht authentisch

Was es nicht gibt, ist ein Strand. Dafür hat sich der alte Dorfkern seinen Charakter von ehedem bewahrt. Die kurze Uferpromenade mit Cafés, Bars und Restaurants dient der Schickeria als Laufsteg. Nebenan im alten Hafen dümpeln Fischerboote, liegen Netze zum Trocknen aus. Gegenüber im neuen Hafenteil reihen sich die großen Jachten.

🏠 Lauschiger Zweisterner im alten Ortskern
Catalina Vera
Das Hostal bietet zwar keinen Super-Komfort, ist dafür aber charmant mit Antiquitäten, Kunst und Keramik eingerichtet. Alle Zimmer mit Balkon, einige sogar mit Terrasse zum Olivengarten. Carrer Isaac Peral 63, T 971 67 19 18, www. hostalcatalinavera.es, €

⚓ Mallorquinische Traditionsboote
In allen Inselhäfen liegen die fotogenen kleinen **Llaüts**. Einst von Fischern zum Lebenserwerb genutzt, werden sie heute von Freizeitkapitänen gehegt und gepflegt. Wer selbst einmal mit so einem schnuckeligen Boot hinausschippern möchte, kann hier eines mieten (1/2 Tag ab 210 €). Camí de Sant Carles 6 A, T 971 67 20 94, www.llauts.com

❶ Termine
Mare de Déu del Carme: 13.–16. Juli. Fest der Schutzheiligen der Fischer mit Bootsprozession.

Sant Elm 🗺 A 5

Eine kurvenreiche Straße führt zu dem kleinen Ferienort. Im Sommer herrscht an der Platja de Sant Elm reger Badebetrieb. Sommervillen der Mallorquiner mit ihrer typischen Rundbogenarchitektur reihen sich an den Klippen. An der verkehrsberuhigten Hauptstraße laden wenige Geschäfte und ein paar Cafés zum Verweilen ein. Hier geht es sympathisch beschaulich zu, was Individualurlauber zu schätzen wissen.

Durch eine eher genügsame Pflanzenwelt führt der Küstenwanderweg von Sant Elm nach La Trapa.

Wandern an der Felsküste

Einzeln oder in Kombination können Sie ab Sant Elm zwei lohnende Ziele erwandern. Ein dreistündiger Rundweg erschließt **La Trapa,** die verwunschene Ruine eines Trappistenklosters. Seit Jahren versucht der balearische Umweltverband GOB, das Gemäuer zu einer Berghütte umzubauen. Bis es so weit ist, sollte ein Picknick nicht im Gepäck fehlen. Alternativ können Sie zum alten Wachturm **Torre de Cala Embasset** wandern, der hoch über einer türkis schimmernden Bucht schwebt (hin/zurück 1,5 Std.).

🏠 An den flachen Klippen
Dragonera
Hostal der Ein-Stern-Kategorie. Das Wasser ist über Treppen zu erreichen, zum Strand ist es auch nicht weit. Alle Zimmer klein und einfach eingerichtet, die beliebteren haben einen Balkon zum Meer.
Av. Rei Jaume I. 5, T 971 23 90 86, www.hostaldragonera.es, €

🍴 Eine Top-Adresse im Südwesten
Cala Conills
Zwar nicht mehr direkt am Strand wie früher, dafür aber schön gestylt und mit bewährter Fischküche, etwa Paella. Von der Terrasse stimmungsvoller Blick, besonders bei Sonnenuntergang.
Carrer Cala Conills, T 971 23 91 86, www. calaconills.com, tgl. 13–23 Uhr, €€€

ℹ Infos
O.I.T. Sant Elm: Av. Jaume I. 28 B, T 971 23 92 05, www.visit-andratx. com, Nov.–April geschl.

IN DER UMGEBUNG

Abwechslung im Urlauberleben
Unter den Baleareninseln führt die **Illa Sa Dragonera** (🗺 A 5) ein Aschenputteldasein. Nur gut 4 km lang und 900 m breit ist das unbewohnte Eiland. Seit 1995 steht es wegen seiner zahlreichen Seevögel und einer nur hier heimischen Eidechsen-Unterart unter Naturschutz. Neben der raren Fauna beeindruckt die markante Steilküste, nur unterbrochen durch die Cala Lladó, die ›Räuberbucht‹. Die markierten Wege dürfen nicht verlassen werden. Sie können drei Leuchttürme erwandern (1–3 Std. Gehzeit). Unbedingt Wasser mitnehmen, keine Versorgungsmöglichkeiten!

ⓘ Infos
Überfahrt ab Sant Elm: Barkasse
›Margarita‹, www.crucerosmagarita.
com, Feb.–Okt. 6–8 x tgl. (Feb./März
nicht am So), Hin- und Rückfahrt 15 €,
Reservierungspflicht, Ticket an Bord.

Estellencs 🏠 B 4

**Das Gebirgsbauerndorf lebt vom
Weinbau, aber der Tourismus
spielt auch eine Rolle. Tagesausflügler und Wanderer, die auf dem
Fernwanderweg GR 221 unterwegs
sind, bevölkern die Restaurants. Im
Sommer gesellen sich zu den gut
300 Bewohnern etwa 200 (meist
deutsche) Übernachtungsgäste,
die in drei kleinen Hotels wohnen.
Seit Jahren besteht in Estellencs
absoluter Baustopp. Alte Natursteinhäuser und enge Gassen
bestimmen das Ortsbild.**

🏠 Gepflegtes Landbürgerhaus
Nord
Rustikales Hotel im historischen
Gassengewirr unterhalb der Kirche, mit
nur acht Zimmern wirklich überschaubar
groß. Diese sind detailverliebt und mit
Originalelementen aus dem 18. Jh.
eingerichtet.
Plaça des Triquet 4, T 971 14 90 06,
www.hotelnordmallorca.de, €€

🏠 Bei Mallorquinern zu Gast
Sa Plana
Sehr persönlich geführt von einer
einheimischen Winzerfamilie, die ein
altes Haus liebevoll restaurierte und in
ein Mini-Hotel mit fünf Zimmern verwandelte. Wunderschöne Gartenterrasse
mit Aussicht.
Carrer Eusebi Pascual s/n, T 971 61 86 66,
www.saplana.com, €€

🍴 Gute landestypische Küche
Montimar
Mallorquinische Klassiker werden hier
modern interpretiert. Örtliche Spezi-
alitäten wie Meerfenchel, Pilze oder
Malvasierwein tauchen als Zutaten auf,

das Gemüse stammt, soweit möglich
von der eigenen Finca.
Plaça Constitució 7, T 971 61 85 76, Di–So, €€

IN DER UMGEBUNG

Steiler Küstenblick
Der Fotostopp am **Mirador Ricard
Roca** (🏠 B 4) ist schon fast Pflicht.
Treppen erschließen die gestufte
Aussichtskanzel mit grandiosem Blick
entlang der Felsküste. Schon 1919
legte die mallorquinische Wanderverei-
nigung Grup Excursionista del Foment
den Mirador an. Ricard Roca Amorós
(1849–1918) war einer ihrer Gründer.

Banyalbufar 🏠 B 4

**Zu Dutzenden stapeln sich Terras-
senfelder von der Küste bis zu den
höchstgelegenen Häusern. Früher
gedieh überall die Malvasiertrau-
be, aus der noch heute einige
Winzer einen schweren, alko-
holreichen Südwein keltern. Die
meisten Feldterrassen sind jetzt
mit Orangenbäumchen oder Toma-
tensträuchern bestückt. Ein Netz
von Rinnen führt aus 24 Quellen
Wasser herbei, um rund 130 Zister-
nen für die Bewässerung zu füllen.**

BERGE PUR

Mallorcas Berge sind ziemlich verschlossen. Hohe Zäune verwehren
häufig den Zutritt zu den riesigen,
privaten Ländereien. Aber der
Fernwanderweg GR 221 ist frei.
Auf etwa 150 km Länge und in acht
Tagesetappen erschließt er die Serra
de Tramuntana. Aktuelles steht unter www.camins-mallorca.info. Und
natürlich sind Abstecher auf den
einen oder anderen Gipfel erlaubt,
etwa den **Galatzó** (1026 m) oder
den **Massanella** (1365 m).

Romantische Fischerbucht – **zum Port des Canonge**

 # 4

Mallorca ohne Reisebusse und Touristenmassen ist möglich. Der winzige, geradezu abgeschiedene Fischerort, für große Busse nicht erreichbar, ist fast noch so etwas wie ein Geheimtipp. Selbst die Anfahrt per Pkw gestaltet sich recht abenteuerlich.

Am schönsten erreichen Sie Port des Canonge auf einer Wanderung durch stille Kiefernwälder. Dann schmeckt die Paella unten im Dorf gleich doppelt so gut. Wer auf einem mittelklassewagenbreiten, kurvenreichen Sträßchen den Gegenverkehr nicht scheut, kann auch zur Küste hinunterfahren.

Auf dem Weg des Generals

Der **Camí de Sa Volta des General** verdankt seinen Namen General Ferran Cotoner i Chacón. Dieser war im 19. Jh. nicht nur Gouverneur der Balearen, sondern auch Besitzer des Weinguts Baronia de Banyalbufar. Er ließ den Weg zur bequemen Promenade ausbauen. Die gesamte Strecke ist mit Holzpflöcken und Pfeilen gut markiert und nicht zu verfehlen. In einer markanten Serpentine der Ma-10 ca. 1,5 km oberhalb von Banyalbufar (Parkplatz) geht es los. Folgen Sie einem breiten, steinigen Karrenweg leicht abwärts. Schon wenig später passieren Sie das Anwesen ›La Cabarola‹. Dann erhebt sich rechts die spektakuläre Wand des **Puig de ses Planes**. Teils hängen die Felsen über den Weg, der Blick schweift übers Meer.

Ein Stück weiter blitzt zwischen den Kiefern eine Bucht mit türkisfarbenem Wasser auf. Weiße Kalkfelsen markieren die **Punta de s'Aguila**. Nach insgesamt einer Stunde verlässt die markierte Route den bis dahin breiten Weg und schwenkt nach links zur Mündung eines Seitentals. Jenseits davon geht es parallel zur Küste weiter. Von einer sandigen Freifläche aus wird zum ersten Mal der Blick auf Port des Canonge frei.

Am ruhig gelegenen Mirador von Port des Canonge lässt es sich herrlich entspannen.

S
SEETANG

Im Winter spült das Meer reichlich Seetang an, der dann am Küstensaum einen regelrechten Wall bildet. Aus Gründen des Küstenschutzes und um den Strand vor Erosion zu bewahren, wird er in Port des Canonge wie auch andernorts auf Mallorca nicht entfernt.

Verschwiegenes Fischernest

Die Hafenbucht ist nach etwa eineinhalb Stunden Gehzeit erreicht. Der kleine Küstenort hat nur 50 bis 60 ständige Bewohner. Daneben unterhalten Einheimische aus Palma hier Ferienhäuser. Am kiesigen Strand ziehen noch einige Fischer ihre bunten Boote an Land und bringen sie in Schuppen vor der Brandung in Sicherheit.

Ist der Seegang gering und kommt der Wind nicht gerade aus nördlichen Richtungen, bietet sich ein Sprung ins Meer an. Badeschuhe sind ratsam, eine Schnorchelbrille unterhaltsam. Die übliche Strandinfrastruktur dürfen Sie übrigens nicht erwarten, es gibt weder Liegen- und Sonnenschirmverleih noch Tretboote – Port des Canonge ist (noch) ein authentischer Fischerort …

INFOS

Anfahrt: Die knapp 5 km lange Stichstraße nach Port des Canonge zweigt von der Ma-10 Valldemossa–Banyalbufar bei Km 80,2 ab.

KULINARISCHES FÜR ZWISCHENDRIN
Einen legendären Ruf genießt die Paella im **Ca'n Toni Moreno** ❶. Das Restaurant mit luftiger Terrasse befindet sich in der mittleren der fünf Querstraßen, mittags gibt es hervorragende Tapas (T 971 61 04 26, Di–So 11–18 Uhr, Mo u. Jan. geschl., €€). Sollten Sie hier keinen Platz finden, liegt schräg gegenüber das **Can Madó** ❷, ebenfalls mit Terrasse und meist angenehmer Meeresbrise (T 971 61 05 52, www.canmado.com, Mi–Mo 12–17 Uhr, €€).

Faltplan: B/C 3/4

Recht exponierte Küste

Die ockerfarbenen Häuser des Bauerndorfs säumen dicht gedrängt die Hauptstraße, schöne Rundbögen überspannen die Eingänge. Einen richtigen Strand gibt es hier ebensowenig wie in Estellencs. An der **Cala de Banyalbufar** 1 km unterhalb des Ortes ist immerhin bei ruhiger See Baden vor den steilen Klippen möglich. Diese drohen immer wieder wegzubrechen, die Steinschlaggefahr ist groß.

⌂ Weiter Blick über die Küste
Mar i Vent

Harmonisch fügt sich der Dreisterner in das traditionelle Dorf. Schon in vierter Generation von einer ortsansässigen Familie betrieben, mit inzwischen 29 Zimmern und großartiger Aussicht.
Carrer Major 49, T 971 61 80 00, www.hotel marivent.com, €€

....
IN DER UMGEBUNG
....

Noch ein Aussichtspunkt

Am Mirador steht der Piratenwachturm **Torre del Verger** (🗺 B 4), 1547 erbaut als erster seiner Art auf Mallorca.

Als er seinen militärischen Zweck nicht mehr erfüllen musste, ersteigerte ihn Erzherzog Ludwig Salvator für nur 78 Peseten – auch damals, 1875, schon ein eher kleiner Betrag. Bis heute ist der Turm im Besitz seiner Erben. Eine kurze, aber schmale Eisenleiter führt hinauf, der Blick über die Steilküste ist exzellent.

Ein unaufgeregter Ort

Eine imposante lange Platanenallee folgt dem Lauf eines durch den Ort **Esporles** (🗺 C 4) fließenden *torrents*. Hier lohnt der Besuch vor allem am Samstagvormittag, wenn einheimische Bauern auf dem Wochenmarkt die Produkte der umliegenden Fincas verkaufen.

🍴 Mit viel Lokalkolorit
Es Brollador

Zum Markt geben sich die Gäste in der Bar die Klinke in die Hand. Im Wintergarten wird mediterrane Küche aufgetischt, etwa Stockfisch oder Rebhuhn. Abends treten immer mal katalanische Liedermacher live auf.
Passeig del Rei 10, T 971 61 05 39, www.esbrollador.com, tgl. 11–23 Uhr, €€

Abseits der vielbesuchten Kartäuserklause, in der einst Frédéric Chopin und George Sand einen in jeder Beziehung ungemütlichen Winter verbrachten, geht es in dem Bergdorf Valldemossa eher ruhig zu.

Ländliche Lebensart von einst

Im Gutshof **La Granja** (🗺 C 4) wird das alte Mallorca lebendig. Das schlossähnliche Herrenhaus (17. Jh.) beherbergt neben Salons, Schlafgemächern und Musikzimmern so ziemlich jede erdenkliche Werkstatt. Dem Grundherren oblag die Rechtsprechung für die auf seinen Ländereien lebenden Menschen. Im Keller sind Kerker zu besichtigen, wo Angeklagte und Verurteilte einsaßen, denen durch die unterschiedlichsten Foltermethoden Geständnisse abgerungen wurden. Im Felsengarten mit Springbrunnen, Grotte und Sonnenuhr und im Badehaus ergingen sich früher die Herrschaften. Gewirtschaftet wurde in den Ställen, den Wassermühlen und am Kohlenmeiler. Zum Ende des Rundgangs wird zur Weinprobe geladen. Außerdem sorgen Restaurant und Cafeteria für das leibliche Wohl.

Esporles s/n, www.lagranja.net, Sommer tgl. 10–19, Winter tgl. 10–18 Uhr, 16,50 €

Valldemossa 🗺 C 3

In das meistbesuchte Dorf Spaniens kommen die Menschen, um dem Glanz jener Zeit nachzuspüren, als Frédéric Chopin mit der französischen Schriftstellerin George Sand einen Winter hier verbrachte. In den ruhigen Morgen- und Abendstunden erschließt sich der ganze Reiz des 400 m hoch gelegenen Bergdorfes, das in seinem Kern ziemlich unbeeindruckt vom modernen Wallfahrerstrom bleibt. Verschachtelte Natursteinhäuser zwängen sich vor einer schroffen Gebirgskulisse zusammen.

Rückzugsort eines berühmten Paares

Die Kirche blieb unvollendet, es fehlen Glockenturm und Hauptportal. Aber der Rest der **Real Cartuja de Valldemossa** wurde im 18. Jh. fertiggestellt. Im Kreuzgang ist die Apotheke, die das ganze Dorf mitversorgte, mit

NOCH WAS

George Sand (1804–76) hieß eigentlich Baronin Dupin-Dudevant. Für ihre Zeit war sie eine unerhört emanzipierte Frau, trug ungeniert Hosen, rauchte Zigarren und hatte nach der Trennung von ihrem Mann zahlreiche Liebesaffären. Darunter auch mit dem sechs Jahre jüngeren **Chopin**, dessen streng katholische Familie nichts von der Verbindung wissen durfte. Daher flüchtete das Paar nach Mallorca, wo bei dem Komponisten eine Tuberkulose zum Ausbruch kam. Dieser erlag er 1849, zwei Jahre, nachdem die Beziehung zu George Sand zerbrochen war.

alten Keramiktöpfen und Glasbehältern angefüllt. In den angrenzenden Zellen lebten zwölf Mönche. Diese Zahl durfte nie überschritten werden, so sah es die Ordensregel der Kartäuser vor. Nur einmal pro Woche kamen die frommen Männer zum Gespräch zusammen, ansonsten galt das Schweigegelübde. 1835 wurden sie im Zuge der Säkularisation vertrieben. Die Behörden wandelten die je aus mehreren Zimmern und einem Garten bestehenden Zellen in Wohnungen um. Zu den ersten Mietern zählten 1838/39 George Sand und Frédéric Chopin. Um als unverheiratetes Paar nicht anzuecken, zogen sie in getrennte Zellen ein, Nr. 3 (heute geschlossen) und Nr. 4, wo Chopins Klavier zu sehen ist. Auf ihm komponierte er das berühmte »Regentropfen-Prélude«.

Plaça de Cartoixa 11, www.cartoixadevallde mossa.com, Mo–Sa 10.30–16 Uhr, Nov.–Jan. geschl., Pianokonzerte 11, 11.45, 12.30, 13, 13.45 Uhr, 9,50 €, Chopin-Museum (Zelle Nr. 2) zusätzlich 4 €

Der ehemalige Schmugglerhafen

Sehr abgeschieden und nur über ein extrem steiles und kurvenreiches Sträßchen zu erreichen liegt der **Port de Valldemossa.** Um eine romantische, von roten Klippen gerahmte Bucht stehen herausgeputzte Fischerkaten. Wer sich am spitzsteinigen Strand abkühlen möchte, tut gut daran, Badeschuhe mitzubringen.

🏠 Den Ort in Ruhe erleben
Es Petit Hotel de Valldemossa
Aus einer ehemals verstaubten Traditionspension wurde ein idyllisches kleines Stadthotel. Guter Standort, um die Atmosphäre von Valldemossa zu schnuppern und von hier aus zu Wanderungen aufzubrechen.
Carrer Uetam 1, T 971 61 24 79, www.espetit hotel-valldemossa.com, €€

Er wurde auf Mallorca leider nicht glücklich: Frédéric Chopin.

🍴 Einheimische mögen es
Bar Meriendas
Kommt zwar bei Tripadvisor nicht immer gut weg, aber es ist einfach der Klassiker im Ort, seit 1964. Im Winter, wenn andere längst die Betriebsferien eingeläutet haben, ist hier immer noch etwas los. Probieren Sie die dampfnudelähnliche *coca de batata*, zu der eine *horchata de almendras* (Mandelmilch) schmeckt.
Via Blanquerna 12, tgl. 7–18 Uhr, €

🍴 Hier schmeckt der Tagesfang
Es Port
Im inseltypischen Speiseraum oder auf der Terrasse kommt seit über 50 Jahren auf den Tisch, was die Fischer mit ihren bunten Holzbooten angelandet haben. Einfach, aber delikat zubereitet.
Port de Valldemossa, T 971 61 61 94, tgl. 10–18 Uhr, €€

🍴 Unglaubliches Ambiente
Ca'n Costa
Klassiker in einer Finca, mit Speisesaal in der alten Ölmühle. Die Küche ist inseltypisch deftig mit Spanferkel (16,50 €) als Spezialität. Am Wochenende speisen hier viele einheimische Ausflügler.
Ma-10 Valldemossa–Deià Km 2,5, T 971 61 22 63, www.cancostavalldemossa.com, tgl. mittags und abends geöffnet, €€

🎫 Termine
Festival Chopin: Aug. Im Kreuzgang und Innenhof des Kartäuserklosters spielen bei Kerzenschein an vier Augustsonntagen Pianisten von internationalem Rang, an vier Septembersonntagen folgen Nachwuchsmusiker. Sie tragen Werke von Frédéric Chopin vor oder interpretieren spanische Instrumentalmusik und traditionelle Lieder. Infos: https://festivalchopin.com.

....
IN DER UMGEBUNG
....

Ein klassisches Wandergebiet
Der in dieser Inselecke allgegenwärtige Erzherzog Ludwig Salvator legte an der Kante des bewaldeten Hochplateaus **Son Moragues** (🗺 C 3) im 19. Jh. einen schwindelerregenden Reitweg an. Heute ist das Gebiet letztes Rückzugsgebiet des Steinmarders und der Ginsterkatze. Auf alten

Ü
ÜBRIGENS

Was Alexander von Humboldt für Südamerika war, war **Ludwig Salvator** (1847–1915) für Mallorca. Der Erzherzog aus der toskanischen Linie der Habsburger galt in Wien als Sonderling. Nachdem er sich 1872 auf die Insel zurückgezogen hatte, blühte er auf. Er widmete sein Lebenswerk der Erforschung ihrer Natur und Kultur. In sieben dicken Bänden fasste er seine Erkenntnisse zusammen.

In den Cafés von Deià können Sie sich in aller Ruhe zurücklehnen.

Karrenwegen und dem Reitweg tummeln sich Wanderer. Der Zugang zum westlichen Teil Muntanya del Voltor ist aus Naturschutzgründen beschränkt, der Zugang zum Ostteil ist frei. Der Aufstiegsweg beginnt am Nordrand von Valldemossa.

Mundgeblasen
Die **Glashütte Lafiore** (📖 C 4) vertreibt ihre Produkte auf der ganzen Insel. Aber am schönsten ist es doch, die Herstellung vor Ort zu verfolgen. Im angeschlossenen Laden finden Sie eine große Auswahl an klassischen wie auch avantgardistischen Glaswaren.
Ma-1110 Valldemossa–Palma Km 11, www.lafiore.com, Mo–Fr 10–17 Uhr, im Winter z. T. eingeschränkt

Deià 📖 C 3

Wohnen oder Urlauben in Deià ist Kult. In lichtdurchflutete Olivenhaine eingebettet, sonnt sich der Ort in dem Ruhm, ein Künstlerdorf zu sein. Auf Dichter und Maler, die sich seit den 1920ern hier niedergelassen hatten, folgte die Schickeria. Die Häuserpreise zogen an. Heute sollen bis zur Hälfte der rund 600 Einwohner Ausländer sein.

Auf den Spuren der Bohémiens
Alles begann 1929, als Robert Graves Deià zu seinem Wohnsitz erkor. Das Grab des 1985 verstorbenen englischen Schriftstellers, im deutschsprachigen Raum vor allem durch seinen Roman »Ich, Claudius, Kaiser und Gott« bekannt, liegt auf dem Friedhof bei der Wehrkirche **Església Sant Joan Baptista.** Auf einem markanten Hügel überragt sie die Häuser, verwinkelten Gassen und kleinen Gärten des alten Ortskerns. Der Weg hinauf, von Kreuzwegstationen in Form bunter Fliesenbilder gesäumt, lohnt wegen der Aussicht.
Auf Graves folgten weitere Dichter und Maler, etwa Ulrich Leman (1885–1988) aus Düsseldorf, ein Vertreter des Rheinischen Expressionismus. Die beiden amerikanischen Maler Norman Jenkins Yanikun (1917–88) und William Waldren (1924–2003) gründeten in den 1960er-Jahren die Gruppe »Es

Deu des Teix«. Diese international inspirierte Avantgarde lehnte die bis dahin auf Mallorca vorherrschende Landschaftsmalerei ab. Waldren war auch naturwissenschaftlich interessiert. Eine Bronzeplastik bei der Kirche zeigt das Skelett des von ihm erforschten *Myotragus balearicus,* einer schon von den prähistorischen Inselbewohnern ausgerotteten Zwergantilope (▶ S. 64).

Das Domizil des Dichters

Ab 1932 ist **La Casa de Robert Graves** das Wohnhaus des Schriftstellers und seiner damaligen Lebensgefährtin, zu der Zeit hieß es noch Ca n'Alluny (›das ferne Haus‹). Streifen Sie durch geschmackvoll dekorierte Räumlichkeiten und den romantischen Garten! Letzterer diente dem Künstler mit Gemüsebeeten, Zitrusfrüchten und Obstbäumen auch zur Selbstversorgung.

Ma–10 Deià–Sóller, www.lacasaderobertgraves. org, April–Okt. Mo–Fr 10–17, Sa 10–15, Nov./ Anf. Dez. und Mitte Jan.–März Mo–Fr 9–16, Sa 9–14 Uhr, Mitte Dez.–Mitte Jan. Mo–Fr 10–13 Uhr, 7 €

Sogar Pablo Picasso hatte angeblich die Absicht, sich in Deià niederzulassen. Dazu kam es nicht. In den 1970er-Jahren trugen jedoch Jimmy Hendrix und Eric Clapton weiter zum Mythos von Deià bei. In den späten 1980ern entdeckte das deutsche Fernsehen die Idylle. Das ZDF machte die beiden Nobelhotels La Residencia und Es Molí zum Schauplatz seiner Unterhaltungsserie »Hotel Paradies«. Immer mehr Touristen pilgerten nach Deià. Seit es ein Halteverbot für Reisebusse gibt und die Begeisterung für »Hotel Paradies« verebbt ist, hat der Zustrom deutlich nachgelassen.

🏠 Für abenteuerlustige Naturen
Villaverde

In diesem Hostal blieb das traditionelle Mallorca bewahrt. Familiäre Atmosphäre, idyllische Gartenterrasse, recht einfache Einrichtung und vergleichsweise spartanisches Frühstück.

Carrer Ramon Llull 19, T 971 63 90 37, www. hostalvillaverde.es, €€

🏠 Wie in vergangenen Zeiten
S'Hotel d'es Puig

Das alteingesessene Hotel bietet nur wenige Zimmer, dafür aber viel Flair. Schlicht, aber durchaus komfortabel eingerichtet. Pool mit Liegefläche, von der Sie in die Berge blicken.

Carrer Es Puig 4, T 971 63 94 09, www.hotel despuig.com, €€

❶ Termine
Deià International Music Festival: Juni–Sept., www.dimf.com. An vielen Donnerstagen ab 20.30 oder 21 Uhr ist in Son Marroig (s. u.) Kammermusik, Tango u. a. live zu hören.

IN DER UMGEBUNG

Ein Schloss wie in Italien

Son Marroig (🗺 C 3) war nicht die einzige Finca in Ludwig Salvators (▶ S. 46) Besitz, aber die wichtigste. Im italienisch inspirierten Stil ließ er das Gutshaus umbauen und prunkvoll dekorieren. Hier besuchte ihn zweimal Kaiserin Elisabeth (Sisi), die sich als Einzige am Wiener Hofe gut mit dem Eigenbrötler verstand. Besucher können sich in den Räumen auf Spurensuche nach den Habsburgern begeben. Wer Lust hat, steigt anschließend zur zerklüfteten **Halbinsel Sa Foradada** hinunter (hin/zurück 2 Std.), wo die Privatjachten Ludwig Salvators anlegten.

Ma–10 Deià–Valldemossa Km 65,5, www. sonmarroig.com, Mo–Sa 9.30–14, 15.30– 16.30 Uhr, 4 €

Noch ein Habsburgergemäuer

Auf dem 16 km langen Küstenstreifen, den Ludwig Salvator nach und nach erwarb, lag auch das **Monestir de Miramar** (📖 C 3). Ramon Llull (▶ S. 28) hatte das Kloster als Missionarsschule 1276 gegründet. Der Erzherzog ließ auf den Ruinen sein Palais Miramar errichten. Ein wie eine Bootskajüte eingerichteter Raum enthält Erinnerungsstücke an seine Jacht Nixe II. Dahinter geht es hinaus in den Terrassengarten mit berauschendem Meerblick. Hier zeigt das Haus seine Schokoladenseite mit einer geometrisch gestalteten Fassade. Im Zypressengarten zeichnen Mauern den Grundriss der nicht mehr vorhandenen Klosterkirche nach. Dafür gibt es eine Kapelle aus dem 19. Jh. im traditionellen mallorquinischen Stil.

Ma-10 Deià–Valldemossa Km 67,5, Mo–Sa 10–16.30 Uhr, im Sommer z. T. länger, 4 €

Sóller 📖 D 3

Die Berge könnten auch ein Alpendorf umgeben. Von hier betrachtet ähnelt der im Winter oft verschneite Puig Major (1443 m) dem Matterhorn. Sóller ist in eine Horta eingebettet. In dieser breiten, wasserreichen Gartenlandschaft gedeiht mediterranes Obst: Orangen und Zitronen, Kakis, Granatäpfel, Loquats und Passionsfrüchte. In der Markthalle wird es verkauft. Die Umgebung bietet ein Netz von Wanderwegen, oft folgen sie holprigen alten Maultierpfaden.

WAS TUN IN SÓLLER?

Stilvolles Design bewundern
Sóller als Zentrum des Jugendstils (▶ S. 50) besitzt mit dem **Can Prunera Museu Modernista** **1** das passende Museum. 1911 errichtete eine wohlhabende Familie das Haus, ließ an der Fassade Stein, Holz und Eisen kombinieren. In ehemaligen Salons und Schlafgemächern ist Originalmobiliar vom Feinsten zu besichtigen. Glastüren, Bodenfliesen und Stuckarbeiten an der

Orangen machten Sóller reich. Schon im 18. Jh. transportierten Segelschiffe die Ernte zu den südfranzösischen Häfen Toulon und Marseille. Von dort wurde auch Deutschland beliefert, wo die Obstläden damals ›spanische Gärten‹ hießen. In den 1860er-Jahren befielen eingeschleppte Schädlinge die Orangenbäume. Viele ruinierte Plantagenbesitzer wanderten aus. In Frankreich oder Amerika reich geworden, kehrten manche um die Wende vom 19. zum 20. Jh. zurück und brachten dem Ort neuen Wohlstand.

Decke zeigen Blumen- und Tiermotive. Treibende Kraft hinter dem Museum war der Unternehmer und Kunstsammler Pere Antoni Serra (1928–2018). Bilder von Joan Miró, mit dem er befreundet war, sind hier zu sehen, außerdem finden regelmäßig Wechselausstellungen statt.

Carrer de la Lluna 86, www.canprunera.com, März–Okt. tgl. 10.30–18.30, Nov.–Feb. Di–So 10–18 Uhr, 5 €

Fast das ganze Jahr über werden Zitrusfrüchte geerntet, diese leuchten in Sóller.

Die wilde Flora der Balearen kennenlernen
Das Gelände eines alten herrschaftlichen Anwesens nimmt heute der **Jardí Botànic de Sóller** **2** ein. Sechs nach Standorten geordnete Abteilungen

5

Ein Platz mit Ambiente – im Zentrum von Sóller

Französisch mutet die Atmosphäre auf der Plaça de la Constitució an. Straßencafés stellen ihre Tische unter schattige Platanen, die Steinbänke am Brunnen dienen als allgemeiner Treff. Hier wie dort lässt sich herrlich das Treiben ringsum in Augenschein nehmen.

Immer mal wieder rattert die altertümliche Straßenbahn vorbei, der ›Orangenexpress‹ von 1913. Einkaufsklassiker wie die Apotheke von 1881 oder die winzige Buchhandlung, die ein gutes Sortiment an Wanderkarten führt, existieren zeitlos nebeneinander her. Zwei imposante Jugendstilfassaden beherrschen die Plaça de la Constitució. Sie gehören zur 1904 erneuerten Pfarrkirche **Sant Bartomeu** `3` und zur **Banc de Sóller** `4`, einem Bankhaus von 1912 mit Doppelerker und großem Löwenkopf darüber.

In den Straßen rundum

Klaustrophobisch enge Gassen, in denen sich die dreistöckigen Wohnhäuser zur Mitte neigen, strahlen vom Platz wie ein Kranz in alle Richtungen aus. Hier scheint der Trubel schon nach wenigen Metern ganz fern. Aber in der schmalen

Gänzlich unbeeindruckt von den schmucken Jugendstilfassaden sind die Kinder, die sich auf der Plaça de la Constitució zum Spiel einfinden.

Shoppingmeile **Carrer de la Lluna** mit jeder Menge Geschäfte für den täglichen Bedarf setzt sich die Lebendigkeit fort. Ab und zu unterbricht das Hupen eines Zuges das Stimmengewirr in den Cafés der Plaça de la Constitució. Die Straßenbahngleise weisen den Weg durch den kurzen **Carrer des Born** zum Bahnhof.

Das Geschehen am Bahnhof

In der **Estació del Ferrocarril** 5, durch Umbau eines trutzigen Gutshofs von 1606 entstanden, ging 1912 die heute viel bestaunte und immer noch ihren Dienst versehende Nostalgieeisenbahn nach Palma in Betrieb. Ein- und Ausfahrt sind echte Ereignisse. Schließlich wiederholen sie sich nur vier- bis sechsmal am Tag. So wird sogar das Rangieren der Lok, die über ein Nebengleis ans andere Zugende rumpelt, zum ausgiebig fotografierten Event. Während es im Erste-Klasse-Abteil mit Ledersitzen und Messinglampen recht vornehm zugeht, sind die anderen Waggons wahre ›Holzklasse‹, in der die Fahrgäste auf dem einstündigen Trip ordentlich durchgeschüttelt werden.

Als pfiffige Zugabe wird im Bahnhofsgebäude hochkarätige Kunst präsentiert. Die **Sala Picasso** beherbergt 50 Keramiken des Künstlers aus einer einheimischen Privatsammlung, die **Sala Miró** zeigt Grafiken der Folgen »Gaudí« und »Lapidari«. In Letzterer untersuchte Joan Miró die spezifischen Eigenschaften von Stein.

Eine Aktiengesellschaft, an der viele Familien in Sóller Anteile erwarben, baute die Eisenbahnstrecke. 1929 wurde sie elektrifiziert. Die damals erworbenen Lokomotiven der Firma Siemens sind immer noch in Betrieb. Heute finanziert sich der **»Rote Blitz«** (»Rayo rojo«), wie die Einheimischen ihre Bahn nennen, fast ausschließlich durch Touristen.

INFOS/ÖFFNUNGSZEITEN

Sala Picasso/Sala Miró: Estació del Ferrocarril 5, bei Redaktionsschluss vorübergehend geschlossen.
Ferrocarril de Sóller: ▶ S. 113

KULINARISCHES FÜR ZWISCHENDURIN

Unter den Traditionslokalen am Platz sticht das Kneipenrestaurant **Café Sóller** ❶ hervor. Stets zuerst besetzt sind die schmalen Tische auf dem Bürgersteig vor dem Haus, wo ein oder zwei Personen mit dem Rücken zur Wand und einer Tasse Kaffee in der Hand alles bestens überblicken können (Plaça de la Constitució 13, T 971 63 00 10, www.cafesoller.com, Mo–Sa 8–23 Uhr, €€). Nach traditionellen Rezepturen hergestelltes Eis, beispielsweise mit einheimischen Orangen oder mit Milch und Sahne aus der Serra Tramuntana, bekommen Sie bei **Gelat Sóller** ❷ in der Waffel auf die Hand oder im Eisbecher serviert (Plaça des Mercat, T 971 63 17 08, tgl. 10–19.30 Uhr).

Faltplan: D 3 | **Cityplan:** S. 53

(Küste, Steineichenwald, Gebirge usw.) gruppieren sich im ehemaligen Ziergarten. Schwerpunktmäßig sind Arten vertreten, die ausschließlich auf den Balearen vorkommen oder vom Aussterben bedroht sind. Auch die Ethnobotanik findet Raum. Darunter sind Zier-, Heil- und Nutzpflanzen zu verstehen, die auf den Inseln eine wichtige Rolle spielen oder in der Vergangenheit spielten.

Ma-10 Palma–Sóller Km 30,5, www.jardibota nicdesoller.org, Mo–Sa 10–14, Dez. geschl., 8 €

SOLLER

Sehenswert
1 Can Prunera
   Museu Modernista
2 Jardí Botànic
   de Sóller
3 Sant Bartomeu
4 Banc de Sóller
5 Estació del
   Ferrocarril

In fremden Betten
1 La Vila
2 Ca'n Isabel

Satt & glücklich
1 Café Sóller
2 Gelat Sóller

Stöbern & entdecken
1 Carrer de la Lluna
2 Cooperativa
   Agrícola »Sant
   Bartomeu«

Sport & Aktivitäten
1 Tramuntana Tours

SCHLEMMEN, SHOPPEN, SCHLAFEN

In fremden Betten

Ein schnuckeliges Boutiquehotel
La Vila 1
In dem Stadthaus von 1904 wohnen Sie ganz zentral. Dennoch ist der Garten an der rückwärtigen Seite ein Ort der Ruhe. Das Hotel besticht mit neun recht kleinen, aber nett und mit viel Original-dekoration eingerichteten Zimmern.
Plaça de la Constitució 14, T 971 63 46 41, www.lavilahotel.com, €€

Detailverliebt und individuell
Ca'n Isabel 2
Nur sechs Zimmer, eines davon mit Privatterrasse, bietet das in Bahnhofsnähe gelegene kleine, romantisch dekorierte Hotel. Das reichhaltige Frühstück findet gern im lauschigen Garten statt.
Calle Isabel II. 13, T 971 63 80 97, www.canisabel.com, Dez.–Feb. geschl., €€

Stöbern & entdecken

Olivenöl vom Erzeuger
Cooperativa Agrícola »Sant Bartomeu« 2
Olivenöl der Marke ›Olis Sóller‹, von der Genossenschaft direkt vermarktet. Je nach Saison auch Zitrusfrüchte und anderes Obst, eingelegte Oliven, Konfitüren und Honig.
Ctra. de Fornalutx 8, www.coopsoller.coop, Mo–Fr 8–19, Sa 8–15 Uhr

Sport & Aktivitäten

Allerlei Sportliches
Tramuntana Tours 1
Das vielseitige Programm umfasst Verleih von Mountainbikes, geführte Rad- und Wandertouren, Bootsverleih, Seekajak, Canyoning und dessen Küstenvariante, das Coasteering.
Carrer de la Lluna 72, www.tramuntanatours.com

INFOS

OITM de Sóller: Plaça Espanya s/n, T 971 63 80 08, www.ajsoller.net, Mo–Fr 10–16.30, Sa 9.15–13 Uhr.
Straßenbahn von Port de Sóller: 8–20 Uhr alle 60 Min., einfache Fahrt 7 €, www.trendesoller.com.
Eisenbahn von Palma: ▶ S. 113

TERMINE

Fira de maig: um den 11. Mai. Zum Jahrestag des Piratenüberfalls von 1561 stellen über 1000 Männer die Verteidigungsschlacht in karnevalesker Weise nach, als *moros i cristians* (Mauren und Christen) verkleidet. Wichtig auch die Wahl zweier Mädchen stellvertretend für die beiden ›valentes dones‹ (tapfere Frauen), die ihren Bauernhof heldenhaft verteidigten, indem sie einen der Freibeuter mit dem Ast eines Ölbaums erschlugen und den anderen mit Steinen bombardierten.

6

Schlucht der Superlative – **der Torrent de Pareis**

Der Weg ist das Ziel. Dieser Satz trifft den Nagel zwar nicht völlig auf den Kopf, aber die Anfahrt über eine legendäre Straße hat es schon in sich. Unten warten viel Trubel, ein bizarrer Badestrand und eine der gewaltigsten Schluchten des Mittelmeerraums.

Täglich quälen sich zig Mietwagen die schmale Serpentinenstrecke nach **Sa Calobra** 🔳 hinab. Ab 1932 wurde das 15 km lange Wunderwerk unter Leitung des Italieners Antonio Paretti gebaut. Auf 4 km Luftlinie werden 800 m Höhenunterschied überwunden. Berühmt vor allem der ›Nus de sa Corbata‹ (Krawattenknoten), eine Kurve, in der die Straße sich selbst überquert. Die Idee dazu hatte Paretti eines Morgens beim Binden seiner Krawatte.

Das war mal eine Fischersiedlung

Sofern Sie nicht frühmorgens, am späten Nachmittag oder im tiefsten Winter unterwegs sind, laufen Sie in Sa Calobra erst einmal an wartenden Reisebussen und prall gefüllten Selbstbedienungsrestaurants vorbei. Am Meer angelangt, sehen Sie an der schmalen Bucht ein überraschend traditionelles Ensemble aus Bootsschuppen. Nebenan am steinernen Fähranleger rosten Eisenpoller vor sich hin.

Eine breite Promenade führt ostwärts. In einem Tunnel wird es eng. Passend zur Wasserfarbe ist er türkisblau beleuchtet. Kurz gelangen Sie wieder ans Tageslicht, hier wäre ein romantischer Platz für ein Picknick – vorausgesetzt, es ist nicht viel los. Dann ein zweiter Tunnel und schließlich die spektakuläre Nachbarschlucht!

Paradies oder Inferno?

Wo ist das Meer hin? Um die Ecke blicken Sie durch ein Felstor zum Strand, Kies verschüttet die Mündung des Torrent de Pareis. Wie ein enormer

Nichts für schwache Nerven: Schmal und in engen Kurven windet sich die Straße durch die schroffe Bergwelt bei Sa Calobra.

Keil hat sich die ›**Paradiesschlucht**‹ **2** in die Kalkfelsen getrieben. Hohe Felswände umrahmen eine stille Lagune, die nach seltenen, heftigen Regenfällen innerhalb von Minuten zum Sturzbach wird. Im Normalfall jedoch finden sich hier ruhigere Plätzchen zum Sonnenbaden als am Strand.

Für eine Erkundungstour landeinwärts ist festes Schuhwerk ein Muss. Der ganze Berg scheint ausgehöhlt wie ein Schweizer Käse. Die Fluten des Torrent de Pareis haben zahlreiche Höhlen gekappt, verwitterte Tropfsteine treten zutage. Tauben fliegen zu ihren Nistplätzen ein und aus. Dann stehen Felsen im Weg. Trittsichere können die erste Barriere überwinden und dem immer steinigeren Bachbett noch etwas folgen. Bei weiteren Hürden empfiehlt sich jedoch die Umkehr. In der Schlucht scheint die Luft zu stehen. Umso erfrischender dann die Brise unten am Meer. Vielleicht jetzt ein Sprung ins Wasser?

Ü ÜBRIGENS

Auf der Weiterfahrt Richtung Lluc unbedingt am **Mirador de sa Casa Nova** **3** (Ma-10, Km 26) halten! Der Tiefblick in den Torrent de Pareis ist überwältigend. Bis zu 400 m ragen die Felswände zu beiden Seiten senkrecht auf.

INFOS

Parken: gebührenpflichtiger Parkplatz in Sa Calobra, von dort zum Torrent de Pareis sind es ca. 600 m Fußweg.
Personenfähre nach Sa Calobra/Cala Tuent: ▶ S. 56

ZU FUSS DURCH DIE SCHLUCHT

Eine komplette **Durchquerung des Torrent de Pareis** **1**, beginnend am Restaurant in Escorca (Ma-10 Sóller–Lluc Km 25), gilt als nicht ungefährlich. Das fünfstündige Unternehmen ist nur bei verlässlich trockener Witterung durchführbar, denn bei plötzlichen Regenfällen drohen Überflutungen – bitte vorher genau informieren! Geführte Touren bieten www.tramuntanatours.com.

KULINARISCHES FÜR ZWISCHENDRIN

Authentischer als in Sa Calobra speisen Individualreisende im benachbarten Cala Tuent, wo das Restaurant **Es Vergeret** **1** regionale Küche auf einer großen Terrasse mit Küstenblick bietet (T 971 51 71 05, www.esvergeret.com, Di–So 12–17 Uhr, ca. Nov.–Feb. geschl., €€).

Torrent de Pareis

Morro de sa Vaca
▲ 279 m

↑ Port de Sóller

Sa Costera

Cala Tuent

Ma-2141

Moleta de Cais Reis ▲ 781 m

Ma-10

0   2 km

Eine altertümliche Straßenbahn rumpelt durch Sóller, ihr Führerstand wirkt geradezu museal.

IN DER UMGEBUNG

Der alte Orangenhafen

Das Urlauberleben im Tal von Sóller spielt sich vorwiegend in **Port de Sóller** (🗺 D 2) ab. Wenn die Tagesbesucher mit der nostalgischen Straßenbahn (▶ S. 51) eintreffen, wird es je nach Saison recht turbulent. Im Hafen landen nachmittags gegen 17 Uhr die Fischer ihren Fang an und liefern Fotomotive. In der weitläufigen Bucht liegen nicht nur jede Menge Boote, sondern auch ein feinsandiger, geschützter Strand, die **Platja d'en Repic.**

🏠 Familiäres Quartier am Strand
Marina

Seit über 80 Jahren gibt es dieses familiengeführte Hotel an der heute autofreien Strandpromenade schon, alles wurde zeitgemäß renoviert. Im Winterhalbjahr logieren hier viele Wanderer.

Platja d'en Repic, T 971 63 14 61, www. hotelmarinasoller.com, €€

Das Besondere ist der Garten
Es Port

Den Rahmen liefert ein nostalgisches Herrenhaus (17. Jh.) mit Wehrturm. Rundum gedeihen Orangen, Zitronen und Bio-Gemüse. Dazwischen verteilen sich Terrassen, Pool, Hallenbad mit Spa und Tennisplätze sowie mehrere Gebäude mit insgesamt 77 Zimmern.

Carrer Antoni Montis 6, T 971 63 16 50, www.hotelesport.com, €€€

⚙ Die Terrasse schwebt über dem Meer
Nautilus

Hier sind Sie dabei, wenn die Sonne im Meer versinkt. Die Cocktails sind klassisch und perfekt gemixt. Auch einer fürstlichen Mahlzeit steht nichts im Wege, gern genommen wird die Tapas-Platte für zwei.

Carrer Llebeig 1, Di–Fr, nur abends, €€€

❶ Infos

Personenfähre nach Sa Calobra/ Cala Tuent: Barcos Azules, T 971 63 01 70, www.barcoscalobra.com, zuletzt Hochsommer 1 x tgl., Nebensaison nur Di und Sa, Mitte Nov.–Ende Jan. kein Fährverkehr; wetterabhängig, daher telefonisch erkundigen.

Fornalutx 🗺 D 3

Mehrfach wurde der kleine Ort als schönstes Dorf Mallorcas oder gar ganz Spaniens prämiert. Selbstverständlich strömen manchmal ganze Busladungen durch das Dorf. Nach vorübergehender Hektik beruhigt sich die Lage aber schnell. Fornalutx ist ein idealer Standort für Ruhe und Idylle suchende Wanderer.

Herausgeputzte Gassen

Die schmalen Pflasterstraßen mit dicht an dicht stehenden Natursteinhäusern sind vorwiegend Fußgängern vorbehalten. Obwohl von der Größe her ein Dorf, hat Fornalutx durchaus urbanen Charakter. Die repräsentativsten

Serra de Tramuntana ▸ Fornalutx

Gebäude gehörten früher Herrschaften von Landgütern in den angrenzenden Bergen. Mehrere sind mit trutzigen Wehrtürmen ausgestattet, so auch die **Casa de la Vila** (Rathaus). Alles wirkt bezaubernd museal.

Auf der mit Platanen bestandenen und den Tischen eines Straßencafés bestückten **Plaça d'Espanya** neben der Kirche versammeln sich die älteren Männer, während sich die Frauen um die Pflege der Blumen vor den Hauseingängen kümmern oder im Tante-Emma-Laden shoppen.

Kunstvolle Dachziegel

Charakteristisch für Fornalutx sind die *Teules pintades,* bemalte Ziegel unter den Dachtraufen. Einige stammen noch aus dem 14. Jh., lebendig blieb die Tradition bis zum 19. Jh. Die Darstellungen reichen von Menschen- und Tierfiguren über florale Muster, religiöse Motive und Alltagsszenen bis hin zu Inschriften und Sinnsprüchen. Früher sollten diese beschwörenden Symbole Haus und Bewohner vor Unglück bewahren. Eine Sammlung historischer Dachpfannen zeigt das **Museu de Ca'n Xoroi** in der Carrer de Sa Font 8 (Do–Sa 10.30–13.30 Uhr, Eintritt frei).

⌂ In einem früheren Kloster
Fornalutx Petit Hotel

Die Barmherzigen Schwestern hatten hier ihren Konvent. Aus der ehemaligen Kapelle wurde die Suite. Auch die übrigen sieben Zimmer sind gefühlvoll eingerichtet. Im Orangengarten locken Pool und Jacuzzi. Carrer Alba 22, T 971 63 19 97, www.fornalutx petithotel.com, €€€

IN DER UMGEBUNG

Mit die schönste Aussicht Mallorcas

Erstes Etappenziel auf einer Fahrt über die Gebirgsstrecke zum Bergkloster **Lluc** (▸ S. 58) ist der **Mirador de ses Barques** (🗺 D 2). Weit schweift der Blick von hier über die Bucht von Sóller, wie aus der Vogelperspektive erscheinen Häuser und Gärten.

Zwei nicht immer volle Stauseen

Nur im regenreichen Winter füllt sich der **Embalse de Cúber** (🗺 D/E 3), Mallorcas größte Talsperre. Ein breiter Weg führt in einer Stunde drumrum. Hier oben in 750 m Höhe kann es schon recht kühl werden. Etwas geschützter und tiefer liegt Stausee Nr. 2, der **Embalse de Gorg Blau** (🗺 E 2). Eine seltsame Säule am Straßenrand blieb vom prähistorischen Bergheiligtum **Almallutx.** Der Rest versank 1969 bei der Flutung des Tals. Archäologen halten die Säule für einen riesigen Opferaltar, an dem Hirten ihre Götter gnädig stimmten. Die Spiritualität des Ortes erschließt sich heute nicht mehr so recht.

DURCH PLANTAGENLAND ZUM PANORAMABLICK

Um ein Teilstück des Fernwanderwegs GR 221 zu erkunden, ist der **Camí des Barranc** erste Wahl. In Sóllers winzigem Nachbarort **Biniaraix** (🗺 D 3) geht es los, serpentinenreich auf altem Pflasterweg. Hier pilgerten einst die Wallfahrer auf dem Weg zum **Kloster Lluc** (▸ S. 58). Bis zur 957 m hoch gelegenen Aussichtskanzel **Mirador Xim Quesada** sind Sie inklusive Rückweg 5 Stunden unterwegs.

7

Der heilige Hain – rund um das Bergkloster Lluc

Einsam liegt das Kloster in einem Bergtal. Die Ströme von Pilgern und Touristen verlieren sich in der riesigen Anlage, die eine ganz eigene Atmosphäre besitzt. Erkundungen in der Umgebung führen durch Steineichenwälder zu bizarren Felsstrukturen.

Erfrischend ist die Luft in Lluc. Egal zu welcher Jahreszeit, hier ist es kühler als an der Küste. Das Dorfzentrum der Gemeinde Escorca, deren Bauernhöfe sich im Gebirge verteilen, passt gleich mit ins Kloster. Profane Einrichtungen wie Apotheke, Bank und Polizeistation säumen den Pilgerhof. Auf der parkartigen **Plaça dels Peregrins** wird gern flaniert. Unter Bäumen plätschert ein Springbrunnen leise vor sich hin.

Hinter gewaltigen Klostermauern

Durch den breiten Wohntrakt des **Santuari de Lluc,** und einen stillen Innenhof betreten Sie den Vorplatz der barocken Klosterkirche (17./18. Jh.). Ihre mystische Stimmung verdankt die **Basílica** [1] Antoni Gaudí. Als sie Ende des 19. Jh. ziemlich verwahrlost war, beauftragten die damaligen Augustinermönche den katalanischen Jugendstil-Architekten mit der Renovierung. Nur durch die gewaltige Kuppel fällt Licht in den düsteren Innenraum. Gaudí überzog die Wände über und über mit Gold und verlieh ihnen dadurch byzantinisch anmutenden Glanz.

Zur Schwarzen Madonna

Hinter dem Hauptaltar befindet sich die Ursache für die Pilgerströme: ›La Moreneta‹, eine kleine, dunkle Marienfigur, so braun wie die Haut des maurischen Hirtenjungen Lluc, der sie um 1250 an dieser Stelle gefunden haben soll. So erklärt sich die Legende die Gründung des Klosters. Geschichtsforscher halten dagegen, schon die Römer hätten hier einen heiligen Hain (lat. *lucus*)

Ü
ÜBRIGENS

Einen **Kinderchor** gibt es seit 1531 in der Básilica von Lluc. Einst Knaben vorbehalten, singen heute auch Mädchen mit. *Els Blauets* (›Bläulinge‹) heißt das Ensemble aus Klosterschülern wegen der blauen Soutanen. Sie intonieren ein »Salve regina« zu Ehren der ›Moreneta‹ (Mo–Fr 13.15 Uhr und So zur Messe um 11 Uhr, nicht in den Schulferien; die harten Kirchenbänke sind oft schon 1 Std. vorher besetzt).

für kultische Handlungen gehabt. Die Schwarze Madonna steht in einer drehbaren Nische. Bei Gottesdiensten schaut sie nach vorne, ansonsten nach hinten zu ihrer eigenen Kapelle hin.

Spaziergänge im heiligen Hain

Hinter dem Kloster windet sich ein Kreuzweg auf den Kalvarienberg **Pujol dels Misteris** 2. Gaudí-Schüler säumten ihn mit den Mysterien des Freudenreichen Rosenkranzes. Der 10-minütige Aufstieg lohnt allein schon wegen des Ausblicks auf Kloster und Tal.

Um anschließend die angrenzenden Wälder zu erkunden, verlassen Sie den Klosterhof neben dem Souvenirshop durch ein Tor. Geradeaus, am Zugang zum **Jardí botànic** 3, dem ehemaligen Kräutergarten der Mönche, vorbei, treffen Sie auf einen Sportplatz. Queren Sie diesen nach hinten links und gehen Sie über eine Holzbrücke. Weiter geht es zwischen knorrigen Steineichen auf einem felsigen Pfad. Nach insgesamt 20 Minuten weist ein Schild rechts zur bizarren Felsgruppe **Es Camell** 4, in der mit etwas Fantasie tatsächlich ein ›Kamel‹ zu erkennen ist.

Vergoldete Altäre und eine gewaltige Lichtkuppel streben in der Basilica von Lluc dem Himmel entgegen.

INFOS/ÖFFNUNGSZEITEN

Basílica 1: tgl. 10–18 Uhr; Jardí botànic: tgl. 10–18 Uhr.
Parken: am Kloster gebührenpflichtig (6 €/Tag); gratis am Refugi Son Amer an der Ma-10, von dort 20–30 Min. zu Fuß auf dem Wanderweg GR 221.

SCHLAFEN UNTER PILGERN

Das **Santuari de Lluc** 1 (T 971 87 15 25, www.lluc.net, €) bietet 120 Zimmer und Apartments für Pilger und Wanderer.

KULINARISCHES FÜR ZWISCHENDRIN

Eine Institution ist das Café **Sa Plaça** 1 (T 971 51 70 24, tgl.

8–19 Uhr, €) mit Außenterrasse am Pilgerhof. Leckere mallorquinische Gerichte serviert die rustikale Klostergaststätte **Sa Fonda** 2 (T 971 51 70 22, www.lluc.net, tgl. 13–16, 19–21.15 Uhr, €€).

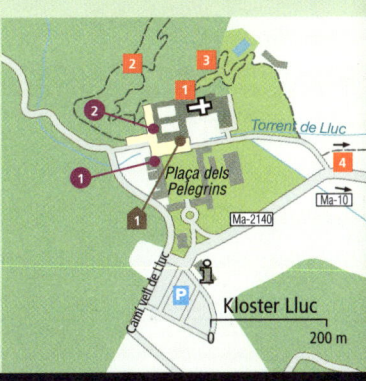

Norden und Zentrum

Das Vorland der Serra Tramuntana prägen idyllische Dörfer wie Orient oder Caimari, der Weinbauern-ort Binissalem und das Schuhmacherzentrum Inca. Ganz in den Norden locken die historischen Städte Pollença und Alcúdia, aber auch die bizarren Land-schaften des Cap Formentor sowie der Halbinsel Victòria. In weiten Buchten erstrecken sich lange, schöne Sandstrände. Dahinter quaken Frösche in Sümpfen und Reisfel-dern. Fern vom Geschehen träumen im Inselzentrum dagegen Landstädt-chen wie Sineu oder Petra vor sich hin.

Alaró 🗺 E 3

In dem Landstädtchen hat sich das unverfälschte Mallorca gehalten. Eine breite Allee führt von Süden her ins Zentrum, gesäumt von Geschäften und Lokalen. Das Gassengewirr des alten Ortskerns erkunden Sie am besten zu Fuß. Auf dem von Platanen flankierten Rathausplatz findet am Samstagvormittag der Wochenmarkt statt.

Wallfahrtsziel mit Aussicht

Moderne Pilger fahren zum Berggasthof Es Verger (s. u.) und steigen von dort auf einem Kopfsteinpflasterweg in ca. 1 Stunde zum **Puig d'Alaró** (825 m) hinauf. Oben warten ein Panoramablick über Mallorcas Ebene Es Pla und das mittelalterliche **Castell d'Alaró,** in das nachträglich eine Einsiedelei hineingebaut wurde. Deren Kapelle duckt sich in die Festungsruine. Die Bar der historischen Pilgerherberge lädt zur zünftigen Einkehr ein.

🏠 Inmitten von Olivenplantagen
S'Olivaret

Viel Atmosphäre strahlt der historische Gutshof am Fuß des Puig d'Alaró aus. Sensibel wurde er in ein Boutiquehotel verwandelt. 27 geräumige, mit Antiquitäten eingerichtete Zimmer, Innen- und Außenpool, Jacuzzi, Kaminzimmer und ein mediterranes Restaurant.

Ma-2100 Alaró–Orient Km 3, T 971 51 08 89, www.solivaret.com, €€

🍴 Mit Berghüttenflair
Es Verger

Im Winter sorgt in dem urigen Lokal ein Kamin für wohlige Wärme. Die Lammschulter, im Tonofen über Holzfeuer geschmort, stammt von der eigenen Finca. Weitere deftige Spezialitäten sind *sopes mallorquines* und Schnecken in Knoblauchsoße.

Camí des Castell (Anfahrt über einen ca. 5 km langen, holprigen Fahrweg oder zu Fuß 1 Std. auf altem Pilgerweg), T 971 51 07 11, Di–So 9–21 Uhr, €€

🏠 Angesagte Cowboystiefel
Tony Mora

Boots, Bikerstiefel und Stiefeletten mit ausgefallenen Designs zum günstigen Fabrikpreis. Nicht vom Fließband, sondern nach alter Manier hergestellt. Auf Bestellung lassen sich eigene Entwürfe verwirklichen.

Ma-2022, 4 km vor Alaró, www.tonymora.com

IN DER UMGEBUNG

Dorfidylle im schönen Tal

Schafe weiden zwischen Apfelgärten und Ölbaumplantagen. Mittendrin liegt das winzige Bergdorf **Orient** (🗺 D 3), eingebettet in ein Hochtal zwischen der Serra d'Alfàbia (1067 m) und dem Puig d'Alaró (825 m). Eine landschaftlich reizvolle Straße führt hindurch. Orient ist ideal für einen ruhigen Urlaub mit Streifzügen durch die Gassen und Wanderungen durch die Umgebung. Radfahrer wählen Orient gern als Etappenziel.

🏠 Hier stimmt das Ambiente
L'Hermitage

In einem ehemaligen Kloster aus dem 17. Jh. untergebracht, liegt das luxuriöse Landhotel außerhalb des Ortes inmitten mediterraner Natur. Zu den weiteren Pluspunkten zählen Innen- und Außenpool, Spa, das Restaurant in einer alten Ölmühle und wunderbare Gartenanlagen.

Ctra. Alaró–Bunyola, T 971 18 03 03, www.hermitage-hotel.com, €€€

🏠 Hinter die Kulissen blicken
Finca Son Palou

Wer hier in einem der persönlich gestalteten Zimmer wohnt, gewinnt Einblicke in eines der riesigen Landgüter, deren Tore sonst verschlossen bleiben. Auf 150 ha Privatland können Sie spazieren, wandern und mountainbiken. Die Produkte der Finca, etwa Äpfel oder Kirschen, werden ökologisch erzeugt und im hauseigenen Restaurant verarbeitet.

Plaça Església s/n, T 971 14 82 82, www.sonpalou.com, €€€

Von Weinfeldern umgeben

Hier ist das Zentrum des Weinbaus auf Mallorca. Schöne Natursteinhäuser zeugen in der Altstadt **Binissalems** (🗺 E 4) von Wohlstand. Einige gehören immer noch Winzern, die im Haus ihre Bodega betreiben. Eine moderne Kellerei am Stadtrand hat das Hauptgeschäft mit dem Wein übernommen.

🔒 Die führende Kellerei des Orts
Bodegas José L. Ferrer
Hier wird zeitgemäß gearbeitet, aber mit traditionellen mallorquinischen Reben. Nach der aufschlussreichen Besichtigung des Weinkellers darf im großzügigen Shop probiert werden. Unverbindliche Probe (gegen Gebühr) auch ohne Führung möglich.
Carrer Conquistador 103, www.vinosferrer.com, Mo–Fr 10–19, Sa 10.30–18, So 10.30–14.30 Uhr, Führungen unter T 971 10 01 00 vereinbaren, ab 11 €

🔒 Eine individuelle Alternative
Bodegues Oliver
Die Firma, die in den 1930er-Jahren gegründet wurde, keltert in dritter Generation. Die eigentliche Bodega hat sogar rund 300 Jahre auf dem Buckel und gilt damit als eine der ältesten der Insel.
Carrer del Canonge Barceló 8, www.bodeguesoliver.com, Mo–Fr 7–15 Uhr

Inca 🗺 E/F 3

Schuh- und Lederwarenfabrikation prägen die zweitgrößte Stadt Mallorcas (33 000 Einw.). Wer auf der südlichen Ringstraße vorbeifährt, sieht kaum mehr als die Showrooms der Hersteller, wie Perlen aneinandergereiht. Im Zentrum wurde Incas Atmosphäre bewahrt, denn große touristische Sehenswürdigkeiten fehlen.

Zum ultimativen Schuhmuseum
Entlang der Fußgängerzone reihen sich attraktive Häuser mit Jugendstilfassaden. Sie zeugen vom Wohlstand, den die Stadt zu Beginn des 20. Jh. ihrer Industrie verdankte. Ein gern besuchter Event ist der große **Wochenmarkt** am Donnerstagvormittag zwischen Bahnhof und Plaça d'Espanya. Eine ehemalige Kaserne von 1915 beherbergt das **Museu del Calçat**. In riesigen Hallen

Die schummrigen Kellerlokale von Inca bieten neben authentischer Gastronomie so manches überraschende Detail – wie etwa dieses florale Fliesenbild.

#8

Schneeweiße Tropfsteine – **in den Coves de Campanet**

Andernorts auf Mallorca wurden Stalagtiten und Stalagmiten durch den Rauch der Feuerstätten früherer Höhlenbewohner geschwärzt. Hier nicht, denn die Grotten von Campanet wurden erst 1945 durch Zufall entdeckt und schon drei Jahre später für das Publikum geöffnet.

ÜBRIGENS

In den Coves de Campanet fanden sich Knochen des ziegengroßen **Myotragus balearicus.** Die prähistorische Bevölkerung Mallorcas rottete das antilopenähnliche Tier vor gut 4000 Jahren aus, weil es mit den eingeführten Haustieren um das knappe Weideland konkurrierte. In Deià wurde dem Myotragus ein Denkmal gesetzt (▶ S. 48).

Die Temperaturen sind angenehm. Im Inneren der **Coves de Campanet** 1 bleiben sie das ganze Jahr über konstant bei rund 18 °C. Eine dezente Beleuchtung erschließt unaufdringlich die Sehenswürdigkeiten. Der Rundgang beginnt in der Sala de la Palmera (›Palmensaal‹). Von der Höhlendecke und vom Boden sind die Tropfsteine zu Säulen zusammengewachsen, die an schlanke Baumstämme erinnern.

Durch das verzauberte Schloss zum weißen Elefanten …

In der Sala del Llac schimmert die spiegelglatte Oberfläche eines kleinen Karstsees. Auf dem Weg dorthin passieren Sie den ›Roten Salon‹ und das ›Verzauberte Schloss‹. Dann folgt der Höhepunkt, die Sala Romántica, mit einer Fülle aller nur erdenklichen Formen von bizarren Tropfstein-

Hin und wieder schießen die Fonts Ufanes als Wildbäche aus dem Boden, etwas Glück gehört dazu, dieses Schauspiel zu erleben.

gebilden, etwa dem ›Weißen Elefant‹. Dann ist die Tour auch schon wieder zu Ende. Mit 400 m Länge sind die Ausmaße der Höhle nämlich recht bescheiden. Führungen fanden bei Redaktionsschluss im Gegensatz zu früheren Jahren nicht statt, Besucher konnten sich frei bewegen.

... und danach zu stolzen Quellen

Unweit der Tropfsteinhöhlen sprudeln nach heftigen Regenfällen die **Fonts Ufanes** 2 (›stolze Quellen‹), manchmal nur alle paar Jahre, manchmal mehrmals im Jahr. Wie die Grotten sind sie eine Karsterscheinung. Ihre reißende Flut entspringt einem unterirdischen See, der zuweilen überläuft. Auch wenn das Naturschauspiel gerade ausbleibt, lohnt der 2 km lange Rundweg zu den Quellen wegen des prächtigen Steineichenwalds, in den Sitzbänke, verfallene Kalköfen und ein megalithischer Talayot eingebettet sind. Runde Kohlenmeiler und eine restaurierte Köhlerhütte zeugen von einstiger Holzkohlegewinnung im Wald.

ÜBRIGENS

1425 verlegten die Bewohner von Campanet ihren Ort nach einer Flutkatastrophe auf einen Hügel. Seither liegt das verwunschene **Oratori de Sant Miquel** 3, eine der ältesten Kirchen Mallorcas, unweit der Grotten ganz einsam im Tal. Oft finden hier Hochzeiten statt. Nur dann sowie zu Ostern und an Sankt Michael (29. Sept.) öffnet die Kirche ihre Pforten.

INFOS/ÖFFNUNGSZEITEN

Coves de Campanet 1: www.coves-decampanet.com, tgl. 10–17 Uhr, 15 €.
Fonts Ufanes 2: tgl. 10–17 Uhr, www.balearsnatura.com, Eintritt frei, Zutritt nur zu Fuß, nicht mit dem Fahrrad; ob die Quellen aktuell schütten, erfahren Sie auf der Website oder unter www.mallorcamagazin.com.

TRADITION TRIFFT AUF MODERNE

Das Landgut **Monnàber Vell** 1, das fernab vom Trubel in einem ruhigen Tal hinter Campanet liegt, bietet 15 unterschiedlich große Zimmer, geschmackvoll dekoriert und mit aktuellem Komfort. Gartenterrasse, Infinity-Pool und kleiner Wellnessbereich stehen zur Verfügung. Abends wird im Speisesaal mediterrane Küche aufgetischt, hervorragende Weinauswahl. (T 971 51 61 31, www.monnabervell.com, €€).

KULINARISCHES FÜR ZWISCHENDRIN

Gleich neben dem Oratori de Sant Miquel lädt das winzige **Café Ses Cases del Donat** 1 zur Einkehr ein. Die Theke ist in einem alten Steinhaus untergebracht, die Tische stehen draußen auf dem kleinen Kirchplatz. In der kühleren Jahreszeit ein wunderbarer Ort, um die Sonne zu genießen. Zu essen gibt es Pa amb oli, die mallorquinische Spezialität (€).

Faltplan: F 2 | **Anfahrt:** Autobahn Ma-13 Inca–Port d'Alcúdia, Abfahrt 37

widmet es sich der Geschichte des wichtigsten Industriezweigs von Inca mit großformatigen Bildern und alten Geräten. Im Obergeschoss wurde eine alte Lederwarenfabrik nachempfunden.

Av. del General Luque 223, https://museu. incaciutat.com, Mo–Fr 9–14 Uhr, im Sommer z. T. abweichend, Eintritt frei

Für Radfahrer eine Herausforderung

Kurz und knackig gestaltet sich die Auffahrt auf kurviger Straße zum **Puig d'Inca** (292 m). Oben steht die Wallfahrtskirche **Santa Magdalena**. Die wunderbare Aussicht in alle Richtungen erschließt sich natürlich auch denjenigen, die mit dem Auto angereist sind. An Sonntagen kommen einheimische Familien, um zu Füßen des Klosters zu picknicken. Wer das Wochenende meidet, findet in dem weitläufigen, unter Naturschutz gestellten Picknickgelände seine Idylle.

Essen zwischen Weinfässern
Celler Can Ripoll

Eine der Kellerwirtschaften der Stadt, unter dem wuchtigen Herrenhaus Can Ripoll gelegen. In dem schummrigen Gewölbe lagern gut gefüllte Fässer. Deftige mallorquinische Traditionsküche.

Carrer de Jaume Armengol 4, T 971 50 00 24, http://restaurantcanripoll.com, Di–So, So nur mittags geöffnet, €€

Inca ist für seine *cellers* bekannt – Weinkeller, die früher zu Adelssitzen gehörten. Die Stadt war ein wichtiger Weinbauernort, bis die Reblaus zuschlug. Im Jahr 1900 aus Amerika eingeschleppt, zerstörte sie binnen Kurzem fast sämtliche Weinberge. Für einen Neuanfang fehlte den Großgrundbesitzern das Interesse. Aus den *cellers* wurden Gastwirtschaften. Zunächst schenkten sie nur Wein aus. Die Gäste brachten ihr Essen selbst mit, was heute nicht mehr nötig ist.

Mit Blick über Inca
Puig de Santa Magdalena

Das junge, ehrgeizige Team hat das Panoramarestaurant zu einer gefragten Location gemacht. Spezialisiert auf Fleisch vom Grill und mallorquinische Küche. Mit luftiger Terrasse zum Chillen.

Camí des Puig, T 871 87 01 99, www.facebook. com/restaurantpuigdesantamagdalena, tgl. geöffnet, So nur mittags, €€

Unkonventionelle Trendmarke
Recamper Inca

In einer Lagerhalle verkauft der Schuhhersteller Camper seine Kollektion. Überall auf der Welt schlüpfen heute Großstädter, politische Prominenz und gar Hollywood-Stars in die bequemen Camper (katal. für ›Bauer‹), deren traditionelles Markenzeichen die kräftigen Sohlen mit dicken Noppen sind.

Carrer Quarter (nahe südl. Autobahnauffahrt Richtung Palma), www.camper.com, Mo–Sa 10–20 Uhr

Infos und Termine
Züge: ▶ S. 113

Dijous Bo: 3. Do im Nov. Am ›guten Donnerstag‹ mausert sich Inca zur heimlichen Inselhauptstadt. Scharen von Besuchern kommen zur großen Landwirtschaftsausstellung, die auf einem Erntedankfest fußt. Auf dem Begleitprogramm stehen literarische Wettbewerbe, Musikdarbietungen und Sportveranstaltungen. Folkloregruppen tanzen den traditionellen Reigen *jota*. Das aktuelle Programm gibt es unter www.dijousbo.es.

IN DER UMGEBUNG

Zwischen Ölbaumplantagen

Der mittelalterlich enge Ort **Caimari** (🗺 E 3) ist Zentrum der Olivenölproduktion auf Mallorca. Äußerst fotogen sind die traditionellen Natursteinhäuser und der kleine Kirchplatz. Neben der Kirche steht das Herrenhaus Son Albertí, das tatsächlich seit dem 14. Jh. im Besitz ein und derselben Familie ist.

Bereits seit dem Mittelalter werden in Inca Schuhe produziert, in puncto Design sind sie aber ganz offensichtlich immer up to date.

🔖 Echte Gaumenfreuden
Sa Tafona de Caimari
Während der Erntezeit im Herbst (etwa Okt.–Jan.) sehen Sie hier, wie Olivenöl gepresst wird. Ganzjährig öffnet der Laden, dessen Sortiment noch weitere Delikatessen umfasst: Kapern, Meerfenchel, Wein, Essig, Likör, Honig und Marmelade.
Ma-2130 (südl. Ortseingang), www.satafona decaimari.com

Sa Pobla 🗺 F/G 3

Hier regiert der Markt, wie in einer Ackerbauernstadt nicht anders zu erwarten ist. In der fruchtbaren Horta de la Pobla ernten die Landwirte dreimal im Jahr Kartoffeln. Andere Felder bestellen sie mit Gemüse: Paprika, Tomaten, Auberginen, Artischocken.

Immer wieder sonntags
Am Sonntagvormittag steht der Wochenmarkt auf der geräumigen **Plaça de la Constitució** ganz im Zeichen dieser Produkte. Der Platz verbirgt sich in einem Netz rechtwinkliger, enger Straßenschluchten. In diese verirrt sich kaum jemals ein Tourist.

🍴 Nicht nur zur Marktzeit
Bar Toni Cotxer
Nicht nur sonntags ›die‹ Anlaufstelle in Sa Pobla, mit schwarz-weißer Einrichtung aufgepeppt und heute von Tonis Sohn Nadal geführt. An der Theke stehen verschiedenste Tapas zur Wahl. Klassiker wie Tintenfischsalat oder eingelegte Sardellen *(boquerones)* sind meist dabei.
Plaça Major 19, T 971 54 00 05, Di/So nur mittags geöffnet, Mo/Do geschl., €

ℹ️ Infos und Termine
Züge: ▶ S. 113
Sant Antoni Eremita: 16./17. Jan. Zu Ehren des Ortsheiligen entzünden die Bewohner Freudenfeuer und singen traditionelle Lieder. An die Versuchung des hl. Antonius durch den Teufel erinnern als Dämonen verkleidete Menschen. Vor der Kirche segnet der Pfarrer die Tiere, die in reicher Zahl gebracht werden. Zu essen gibt es überall die lokale Spezialität: *espinagades* (Teigtaschen mit scharfer Füllung aus Aal und Spinat).

Lebendiges Mittelalter – im Marktflecken Sineu

9

Der fast im Zentrum Mallorcas gelegene Ort Sineu war schon in arabischer Zeit ein wichtiger Marktplatz und ist es bis heute geblieben. Sternförmig führen Straßen von der ganzen Insel herbei. An jedem Mittwochvormittag strömen die Menschen zum Wochenmarkt, dem einzigen Mallorcas, auf dem regelmäßig auch Vieh gehandelt wird.

Umtriebig geht es auf der geräumigen **Plaça des Fossar** zu. Im Schatten von Kiefern und Platanen stehen die Stände für Kleidung, Lederwaren und Hausrat. Mallorquiner kaufen diese Dinge gern auf dem **Wochenmarkt** 🔒, wobei sie so manches Schnäppchen machen.

Vor allem aber wechseln Tiere ihre Besitzer, denn der lebhafte Markt ist mit dem einzigen wirklich regelmäßigen **Viehmarkt** der Insel gekoppelt – Pferde und Hunde, Zicklein, Lämmer, Hühner und Gänse, überall quiekt und zetert es, die Ausdünstungen des Viehs wabern über den Platz.

Der Markt für Genießer

Bereits am frühen Morgen füllen sich die Lokale ringsum mit Einheimischen. Auswärtige Besucher rücken meist etwas später an, gegen 11 Uhr treffen sie in größerer Zahl ein. Jedenfalls in den Sommermonaten, im Winter bleiben die *Locals* eher unter sich.

Händler, die afrikanisches Kunsthandwerk anpreisen, säumen den Weg zu **Sa Plaça,** dem intimen Platz hinter der Kirche mit dem **Obst- und Gemüsemarkt** 🔒. Ältere Damen ziehen Einkaufswägelchen hinter sich her, prüfen gestikulierend das Angebot. Touristen zücken die Kameras und knipsen leuchtende Zitrusfrüchte, knallrote Tomaten und bunt gemixte Oliven. Auch hier stellen Kneipen ihre Tische ins Freie, ideal für eine Pause mit Blick auf das Geschehen.

Das frische Angebot des Gemüsemarktes wird von der mallorquinischen Bevölkerung rege genutzt. Gemüse der Saison darf bei keiner Mahlzeit fehlen.

Die Muße an anderen Tagen

Ist kein Markt, wird es still in Sineu. Ab und zu flitzt ein Radfahrer über den großen verwaisten Platz. Eltern schieben Kinderwagen hin und her oder beaufsichtigen ihre Kleinen auf dem Spielplatz. Spatzen picken an den Caféterrassen die Kuchenkrumen auf. Jetzt können Sie sich in Ruhe den Gassen und Monumenten widmen.

Gähnend reißt ein bronzener Löwe an Sa Plaça vor der **Església Nostra Senyora dels Angels** **1** (16. Jh.) sein Maul auf. Hohe, gebogene Pfeiler stützen die Außenwände der monumentalen Pfarrkirche. Dem Inneren verleihen verzierte Glasfenster aus dem 20. Jh. viel Licht (tgl. geöffnet, Spende erwünscht).

Ockerfarbene Steinhäuser wachsen aus dem Fels und säumen die engen Gassen, die ganz oben auf dem Hügel am trutzigen **Palau del Rei** **2** von 1309 münden. Einst eine der Residenzen des Königs von Mallorca, ist der Palast seit 1583 ein Kloster, dessen Nonnen in strenger Klausur leben. So ist das Gebäude zwar nicht zu besichtigen, die dazugehörige **Kirche** meistens aber schon.

Ü
ÜBRIGENS

Der **Jugendstilbahnhof** von Sineu ist zwar sehenswert, doch Passagiere werden hier schon lange nicht mehr abgefertigt. Diese warten jetzt nebenan am Gleis auf den Zug. Inzwischen belebt das Gastroart-Restaurant **Vi-és** **3** die alte Bahnhofshalle, mit ansprechender Küche, regionalem Wein und romantischer Atmosphäre (Carrer Estació 2, T 971 52 10 34, www. facebook.com/viescentre, tgl. geöffnet, €€).

INFOS/ÖFFNUNGSZEITEN

Mercat de Sineu 1, 2: Mi 9–14 Uhr.
Anfahrt: Bahn tagsüber ca. stdl. nach Manacor und Inca/Palma; Sonderbusse zum Markt z. B. ab Port d'Alcúdia, Cala Millor, Cala d'Or (www.tib.org).
Parken: Großer gebührenfreier Parkplatz am Ostrand der Stadt nahe Bahnhof (ausgeschildert).

KULINARISCHES FÜR ZWISCHENDRIN

Das klassische Marktcafé heißt **Bar Triquet 1.** Hier erklingt wie ehedem das melodische Stimmengewirr der älteren Herren aus dem Ort (Plaça des Fossar 12, T 971 52 01 36, Fr–Mi, €). Urige Stimmung kommt im Gewölberestaurant **Celler de Ca'n Font 2** auf. An Holztischen wird im ehemaligen Wein-

keller deftige mallorquinische Küche gespeist (Sa Plaça 18, T 971 52 03 13, www.canfontsineu.com, tgl., Mo/Di/Do nur abends, So nur mittags, €€).

Pollença ◫ F/G 1/2

Die Stadt ist ein offener, einladender Ort. Auf der zentralen Plaça Major pulsiert das Leben. Nicht nur am Sonntagvormittag, wenn der Bauernmarkt stattfindet, füllen sich die Lokale am Platz. 1552 von Piraten völlig niedergebrannt, wurde Pollença anschließend in einem bäuerlichen Renaissancestil neu aufgebaut, der das Stadtbild so attraktiv macht. Zu Beginn des 20. Jh. fühlten sich Kreative und Intellektuelle angezogen. Die Schule der Jugendstilmaler von Pollença erlangte Berühmtheit. Bis heute leben viele Künstler und Kunsthandwerker im Ort.

WAS TUN IN POLLENÇA

Durch die Altstadtgassen schlendern
Flankiert wird die Plaça Major von der mächtigen Kirche **Nostra Senyora dels Àngels** 1. Tempelritter gründeten sie kurz nach der Reconquista, der Straßenname Carrer del Temple erinnert daran. Folgen Sie der schmalen Gasse zur Plaça Almoina mit dem wie ein Kelch geformten Brunnen **Font des Gall** 2. Auf dem Knauf seines runden Deckels sitzt ein schmiedeeiserner Hahn, das Wappentier von Pollença. Dementsprechend scheint hier jeder Souvenirladen Hähne aus allen erdenklichen Materialien zu verkaufen. Am oberen Rand des Gassengewirrs der Altstadt ragt die strenge Fassade der Jesuitenkirche **Església Monti-sion** 3 auf.

365 Stufen gehen
Links der Kirche säumen Zypressen die lange Treppe, die in 365 Stufen – für jeden Tag des Jahres eine – zum **Puig del Calvari** 4 (170 m) hinaufführt. Bei sommerlicher Hitze haftet dem Aufstieg zum Kalvarienberg wirklich etwas von einem Bußgang an. Oben vom **Mirador** entschädigt der perfekte Blick über die Stadt.

Landschaftsmalerei bewundern
Allein schon wegen des prächtig verzierten Erkers wäre das ehemalige Wohnhaus des einheimischen Malers Dionís Bennàssar (1904–1967) einen Besuch wert. Rund 240 seiner Werke, die sich der Unterwasserwelt, mythologischen Themen, aber auch der Landschaft bei Pollença und der Porträtmalerei widmen, sind in der **Casa Museu Dionís Bennàssar** 5 ausgestellt.

Carrer de la Roca 14, www.museudionisbennassar.com, Mi–So 10–14 Uhr, nur mit Anmeldung (s. Website), Eintritt 3 €

SCHLEMMEN, SHOPPEN, SCHLAFEN

🏠 In fremden Betten

Klassiker am Hauptplatz
Juma
Das Hotel besteht seit 1907, die Gästeliste umfasst katalanische Maler und Musiker verschiedenster Epochen. Zeitlose Einrichtung mit dunklem Holz und Plüschsesseln, Dachterrasse mit Whirlpool und schönem Bergblick. Wanderer und Radfahrer schätzen das großzügige Frühstück.

Plaça Major 9, T 971 53 41 55, www.pollensahotels.com, €

Über den Dächern
Mon Boutique Hotel
Perfekte Lage in einer engen Altstadtgasse, liebevoll eingerichtet. Das i-Tüpfelchen ist die gärtnerisch gestaltete Dachterrasse mit Sonnendeck und Pool. Gutes Restaurant.

Carrer d'Antoni Maura 38, T 971 53 30 00, https://monboutiquehotel.com, €€

🍴 Satt & glücklich

Begehrte Tische auf dem Platz
Ca'n Moixet – Café Espanyol 1
Auf der Terrasse des Klassikers gönnen sich Einheimische wie Touristen gerne Tapas, ein Glas Rotwein oder einen *café con leche.* Bis in die Nacht hinein ein kultiger Treffpunkt.

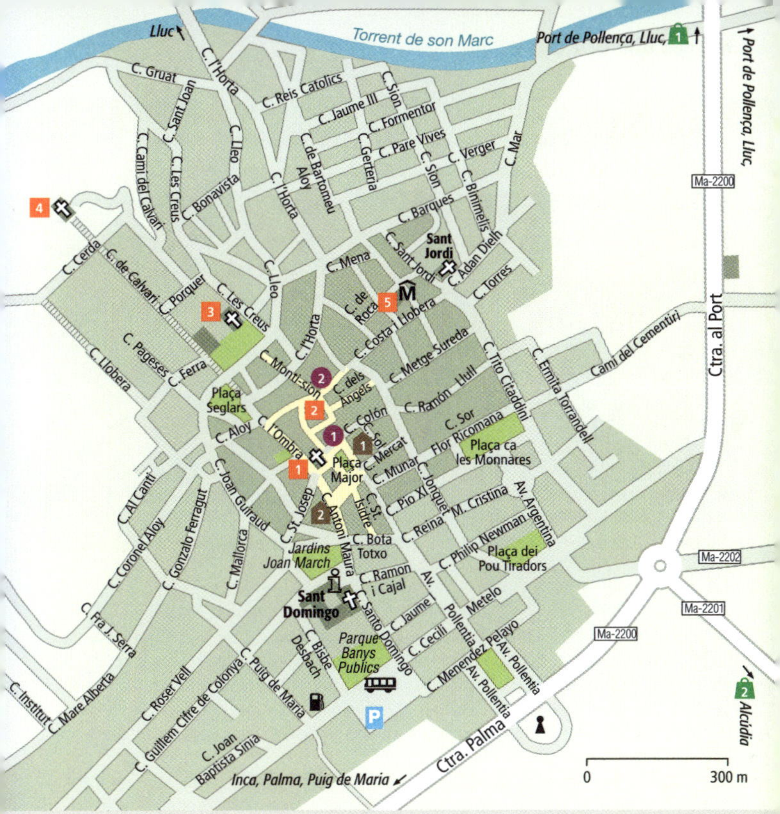

POLLENÇA

Sehenswert
1 Nostra Senyora dels Àngels
2 Font des Gall
3 Església Monti-sion
4 Puig del Calvari
5 Casa Museu Dionís Bennàssar

In fremden Betten
1 Juma
2 Mon Boutique Hotel

Satt & glücklich
1 Ca'n Moixet – Café Espanyol
2 La Font del Gall

Stöbern & entdecken
1 Teixits Vicens
2 Can Vidalet

Plaça Major 2, T 971 53 42 14, tgl. 7.30–1 Uhr, €

Französisch inspiriert
La Font del Gall 2
Das winzige Lokal serviert raffinierte Wochenendmenüs, pro Gang stehen vier oder fünf Gerichte zur Auswahl. Auch an anderen Tagen sind Küche und Ambiente nicht zu verachten.

Carrer Monti-sion 4, T 971 53 03 96, tgl. geöffnet, €€

Stöbern & Entdecken

Legendäre Zungenstoffe und mehr
Teixits Vicens 1
Stellt die berühmten Webarbeiten *(teles de llengua)* her und verarbeitet

In Pollença finden sich jede Menge stimmungsvolle Plätze für eine Ruhepause.

sie auch gleich zu Taschen, Sitzkissen und anderen genauso nützlichen wie schönen Dingen. Das Design geht auf den einheimischen Maler Martí Vicenç (1926–95) zurück.

Rotonda Can Berenguer, www.teixitsvicens.com, Mo–Fr 10–14, 15.30–19.30, Sa 10–14 Uhr

🍷 Stolz auf Wein
Can Vidalet ❷
Außen traditionell, innen modernste Technologie. Die in der Bodega produzierten Tropfen aus den Reben der Sorten Chardonnay und Sauvignon Blanc (für Weißweine) sowie Merlot, Syrah und Cabernet Sauvignon (für Rotweine) wurden bereits mehrfach international ausgezeichnet. Degustation nach Voranmeldung.

Ma-2201 Pollença-Alcúdia, Km 4,85, T 971 53 17 19, www.canvidalet.com, Mo–Do 9–17, Fr 9–15 Uhr

░░░░░░░░░░░░░░░░░░░░░░░░░░░░░░░░░░
INFOS UND TERMINE
░░░░░░░░░░░░░░░░░░░░░░░░░░░░░░░░░░

O.I.T. Pollença: Carrer Pere J. Cànaves Salas s/n, T 971 53 50 77, www. pollensa.com.
Festival de Pollença: Mitte Juli–Ende Aug. Konzerte bekannter Künstler und Orchester im Kreuzgang des Domini-kanerklosters. Infos und Karten: www. festivalpollenca.com.
Moros i Cristians: Ende Juli/Anf. Aug. Die Bewohner von Pollença stellen den heldenhaften Sieg gegen maurische Piraten im Jahre 1550 nach. Dabei wird die ganze Stadt zur Bühne. Farbenprächtig kostümierte ›Mauren‹ und ›Christen‹ liefern sich tagelang kleine Scharmützel bis zur großen Entscheidungsschlacht auf dem Fußballplatz. Mit buntem Rahmenprogramm und nächtlichem Tanzball in den Straßen.

░░░░░░░░░░░░░░░░░░░░░░░░░░░░░░░░░░
IN DER UMGEBUNG
░░░░░░░░░░░░░░░░░░░░░░░░░░░░░░░░░░

Auf den Hausberg von Pollença
Steil ist der Aufstieg zum 333 m hohen **Puig de Maria** (🗺 F/G 2). Zwar führt ein Fahrweg ein Stück hinauf, doch an seinem Ende sind die Parklücken rar. Am besten ist es also, schon unten an der Ma-2200 (Km 52) zu Fuß zu starten (mit Rückweg 1,5 Std.). Das **Santuari Mare de Déu del Puig** oben am Gipfel gründeten drei Einsiedlerinnen Mitte des 14. Jh., nachdem sie wiederholt ein helles Licht auf dem Berg gesehen hatten. Heute dient das Gemäuer als Herberge, Pilger erhalten hier Getränke und Snacks.

Inspirierende Landschaft
Vier Badebuchten mit türkisfarbenem Wasser sind das Kapital der Urlaubersiedlung **Cala Sant Vicenç** (🗺 G 1). Karge Felsrücken ragen neben den Ferienhäusern und wenigen Hotels auf. Schon lange vor Einsetzen des Touristenbooms verbrachten Maler gern den Sommer hier. Bis heute lässt sich das Flair dieser Zeit an der **Cala Barques,** der größten und westlichsten Bucht, erahnen. Im Hintergrund der hellsandigen **Cala Molins** ist der gezackte Rücken der Serra del Cavall Bernat auszumachen, eine Szenerie, die immer wieder Künstler inspirierte.

🏨 Eine Institution am Strand
Niu
Schon 1928 gegründet, heute ein feines Boutiquehotel. Nur 24 Zimmer garantieren eine familiäre Atmosphäre. Den angrenzenden Strand ergänzt ein Pool auf dem Dach. Die Kölner Band BAP komponierte hier den Titel »Irjenden Rock ,n' Roll Band«.
Calle Cala Barques 5, T 971 53 05 12, www.hoposa.es, €

🍴 Hier fischt der Wirt
Ca'l Patró
Das eigene Fangboot beliefert die Küche täglich frisch. Von dem ganzjährig geöffneten Traditions-Fischlokal am Strand bietet sich ein wunderbarer Blick über die Bucht.
Carrer Cala Clara 2, T 971 53 38 99, Mi–Mo, €€

Port de Pollença

🗺 G 1

Den langen, hellen Sandstrand von Port de Pollença entdeckten wohlhabende Briten schon um 1930, als die Anreise nach Mallorca noch auf dem umständlichen Seeweg erfolgte. Hotelklassiker an der Uferpromenade erinnern daran. Vor allem in der Nebensaison ist Port de Pollença ein angenehmer Urlaubsort. Auch im Winter steht

das Leben dank des geräumigen Hafens, den sich Fischer und Jachtsportler teilen, nie still.

🏨 Charmantes kleines Strandhotel
Bahía
Im 19. Jh. ein typisches mediterranes Ferienhaus besser gestellter Kreise, heute ein schnuckeliges Hotel mit 33 Zimmern. Wer Meerblick mit Balkon gebucht hat, überblickt die Hafenbucht von Port de Pollença.
Passeig Vora Mar 29, T 971 86 65 62, www.hoposa.es, €

🏨 Traditionshaus mit Komfort
Illa d'Or
Agatha Christie holte sich hier Anfang des 20. Jh. Inspirationen für ihre Kriminalromane. Inzwischen wurden Zimmer und sonstige Einrichtungen des ehrwürdigen Vier-Sterne-Hotels modernen Standards angepasst, ohne den klassischen Touch zu opfern.
Passeig Colom 265, T 971 86 51 00, www.hotelillador.com, €€

Der ganze Stolz der Weberinnen und Weber auf Mallorca sind ihre handgefertigten Zungenstoffe.

🍴 Hier speisen die Einheimischen
Corb Marí
Schweinelende, Kaninchen, Huhn und Lamm grillen vor den Augen der Gäste über dem Holzkohlenfeuer. Außerdem stehen Paella und Reisgerichte auf der Speisekarte. Im idyllischen Innenhof wird aufgetischt.
Passeig Anglada Camarassa 91, T 971 86 70 40, www.restaurantcorbmari.com, Di–So 11.30–23.30 Uhr, Dez.–Feb. geschl., €€€

10

Bizarre Felsen am Meer – **auf der Halbinsel Formentor**

Maler und Dichter ließen sich von den zerklüfteten Gesteinswänden beeindrucken, zwischen die sich türkisblaue Buchten mit winzigen Stränden schieben. Häufig wehen Nordwestwinde mit starker Kraft über die karge Landspitze.

Vom **Mirador de la Creueta** 1 fällt der Blick jäh über 300 m steile Klippen hinab zum Meer. Vorgelagert ist das Felseiland **Illa Colomer.** Ein Denkmal am Parkplatz erinnert an Antonio Paretti, der nicht nur die Serpentinen nach Sa Calobra entwarf, sondern auch bei der ähnlich spektakulären Panoramastraße von Formentor mitwirkte. Im Sommer gut besucht ist die 500 m lange, weißsandige **Platja de Formentor** 2, begrenzt nur von schattigem Kiefernwald und einem **Hotel** 🏨. Während der Badesaison werden Liegen und Sonnenschirme vermietet.

Dieser Leuchtturm liegt quasi am Ende der Welt, aber der Weg lohnt sich.

Verschwiegene Badebuchten

Weiter östlich finden Sie kleinere Buchten, die beschwerlicher zu erreichen und längst nicht so überlaufen sind. Zur nördlich ausgerichteten **Cala Figuera** 3 führt von der Ma-2210 bei Km 12 eine kurze

Piste (zu Fuß 20 Min.). Wildromantisch präsentiert sie sich mit türkisblauem Wasser und Kiesstrand.

Wenig weiter, kurz vor Km 13 (Erdparkplatz schräg gegenüber), beginnt rechts ein Waldweg zur **Cala Murta** 4 (30 Min.). Meeresrauschen kündigt die Bucht schon von Weitem an. Unten steht ein einsames Landhaus. Hier verfasste der Dichter Miquel Costa i Llobera (1854–1922) einige seiner Werke. Picknicktische laden zur Rast ein, der Kiesstrand zum Baden und Schnorcheln. Oder Sie folgen dem Küstenpfad rechts 5 Minuten bis zum **Aussichtsplatz** vorn an der Landspitze mit Blick auf den klobigen Felsklotz Castellet.

Auf dem Weg zum Leuchtturm

Noch einsamer wird es in der **Cala en Gossalba** 5, denn die Parkmöglichkeiten am Wegeinstieg bei Km 15 sind arg begrenzt und der Abstieg (30 Min.) durch ein Dickicht aus alten, vom Wind verformten Kiefern, umgestürzten Stämmen und dornigen Sträuchern ist steil und steinig. Am besten Bergstiefel anziehen! Gegen Ende weisen Steinmännchen ins Tal hinab bis zum winzigen grobkiesigen Strand.

Wieder zurück an der Straße, ist es zum **Far de Formentor** 6 nicht mehr weit. Atemberaubend thront der Leuchtturm über der schroffen Steilküste. Seit 1860 weist er Schiffen den Weg um das raue Kap. Die Cafeteria Faro Formentor (€€) bietet Tische auf der Außenterrasse.

ÜBRIGENS

Seine Abgeschiedenheit machte das **Hotel Formentor** 1 früher zum idealen Treffpunkt für alle, die Rang und Namen hatten. Schon kurz nach der Eröffnung 1929 stieg Charlie Chaplin hier ab. Später trugen sich Grace Kelly, Audrey Hepburn und John Wayne in die Gästeliste ein. Auch Lady Diana und der Dalai Lama wurden hier gesehen. 2020 wurde die Nobelherberge an die Hotelkette Four Seasons übergeben. Nach einer umfangreichen Renovierung wird die Wiedereröffnung frühestens Ende 2022 erwartet.

INFOS/ÖFFNUNGSZEITEN

Personenfähre: zur Platja de Formentor ab Alcúdia mit einstündigem Aufenthalt, https://alcudiaseaexplorer.com und www.alcudiaseatrips.com, Hin- und Rückfahrt ca. 26 €.
Shuttlebus: Um das sommerliche Verkehrschaos einzudämmen, wird die Straße zwischen Platja de Formentor und dem Leuchtturm Mitte Juni–Mitte Sept. tagsüber zwischen 10 und 19 Uhr für den Privatverkehr (Ausnahme: Fahrräder) gesperrt. Jeweils alle 60 Min.

verkehren Busse ab Alcúdia/Port de Pollença zur Platja de Formentor und zum Leuchtturm. Parken am Busbahnhof in Port de Pollença kostenlos.

5-STERNE-LUXUS IN TRAUMLAGE

Wer im **Hotel Formentor** 1 absteigt, weiß die Abgeschiedenheit und den exzellenten Service zu schätzen – etwas für besondere Gelegenheiten. Zum Zeitpunkt der Recherchen wegen Renovierungsarbeiten geschlossen (s. o.).

Faltplan: G/H 1

Heute leben wieder rund 200 Mönchsgeier in der Serra de Tramuntana, vorübergehend war ihre Zahl auf etwa 20 geschrumpft. Der mit 2,70 m Spannweite größte Vogel Mallorcas wurde nicht nur durch Jagd dezimiert, sondern auch durch Nahrungsmangel. Er ernährt sich von Aas, das knapp geworden ist, seit in den Bergen kaum noch Ziegen und Schafe gehalten werden. Umweltschützer haben deshalb an der Küste bei Lluc einen Futterplatz eingerichtet.

IN DER UMGEBUNG

Hier kreist der Geier

Die Chance, Mönchsgeier zu beobachten, ist im **Vall de Bóquer** (🗺 G 1) groß. Oft schweben die majestätischen Vögel über den schroffen, das Tal flankierenden Felsen. Ornithologen rücken daher gern mit hoch auflösenden Ferngläsern an. Der Wanderweg ins Vall de Bóquer quert zunächst den Hof der wuchtigen, weithin sichtbaren Finca Bóquer. Jenseits davon springen Ziegen durch das einsame, von Zwergpalmen übersäte Gelände. Wer bis zur gleichnamigen *cala* am Nordausgang des Tals geht, ist mit Rückweg 1,5–2 Std. unterwegs.

Alcúdia 🗺 G 2

Eine Stadt wie aus dem Bilderbuch ist Alcúdia. Bis heute blieb sie fast vollständig innerhalb ihrer mittelalterlichen Mauern. Die UNESCO verlieh ihr daher das Prädikat ›Kulturerbe der Menschheit‹. An den beiden wöchentlichen Markttagen – Dienstag und Sonntag – füllen sich vormittags die Straßen und Cafés.

WAS TUN IN ALCÚDIA

Auf und innerhalb der Stadtmauer spazieren

Einst war Alcúdia bevorzugter Wohnort von Adelsfamilien und reichen Kaufleuten. Daher interessierten sich immer wieder Piraten für den Ort. Schon um 1300 wurde zum Schutz die Stadtmauer errichtet, ohne Mörtel, nur durch Zusammenfügen passender Steine. Diese Kunst des Trockenmauerns wird bis heute gepflegt, denn immer wieder gibt es etwas zu reparieren. Im Osten führte die **Porta de Xara** **1** zum Hafen. Heute steht sie an Markttagen mitten im Geschehen. Am Nordwestrand der Stadt können Sie auf dem Wehrgang entlanglaufen und über die Bucht von Pollença blicken. Von der **Porta de Sant Sebastià** **2** ist es nur ein kurzer Weg zur **Església Sant Jaume** **3**, die am Südrand in die Stadtmauer einbezogen wurde. In ihrer barocken Seitenkapelle Sant Crist (17. Jh.) verehren die Gläubigen ein Kruzifix mit Silberkrone, den als wundertätig geltenden »Christus von Alcúdia«. Er soll im Jahre 1507 Blut und Wasser geschwitzt und damit eine Dürreperiode beendet haben (Mo–Sa 10–12 Uhr, 1 €). Innerhalb des Mauerrings säumen Paläste schmale Gassen, die großenteils Fußgängern vorbehalten sind. Nachdem Kaiser Karl I. 1523 nach einem erfolgreich abgewehrten Bauernaufstand den Titel ›Treue Stadt‹ verliehen hatte, ließen viele stolze Bewohner ihre Häuser erneuern. Aus dieser Zeit stammen die Renaissance-Verzierungen an manchen Fenstern und Türen und auch das verspielte **Rathaus** **4** mit seinem zentralen Turm.

In die Vergangenheit schauen

Vor der Stadtmauer liegt die Ausgrabungsstätte der **Ciutat Romana de Pol.lèntia** **5**. Drei römische Häuser konnten die Archäologen hier identifizieren. Weiterhin blieb das Forum, der damalige Marktplatz, mit Grundmauern einiger Tempel, Werkstätten und Läden erhalten. Ein romantischer Ort, umge-

ALCÚDIA

Sehenswert
1. Porta de Xara
2. Porta de Sant Sebastià
3. Església Sant Jaume
4. Rathaus
5. Ciutat Romana de Pol.lèntia

In fremden Betten
1. Mal Pas
2. Cas Ferrer Nou Hotelet
3. Son Siurana

Satt & glücklich
1. Fonda Llabrés

Sport & Aktivitäten
1. Wheels Sport
2. Mallorca on Bike
3. Alcudia Sea Trips

ben von verwilderten Obstplantagen, ist die Ruine des römischen Theaters. Wie damals üblich, wurde es ein wenig außerhalb der Stadt errichtet. Schwer vorstellbar, dass hier 2000 Menschen Platz gefunden haben. Spätere Bewohner verwandelten die Anlage in eine Nekropole. Gräber, auf den Rängen und an der Bühne in den Stein geschnitten, bezeugen dies.

Av. dels Prínceps d'Espanya, www.pollentia.net, Di–Sa 9.30–15 Uhr, letzter Einlass 14 Uhr, 4 €

Zur neuen Urlauberstadt
Durch Felder und Ödland von Alcúdia klar abgegrenzt beginnt 2 km weiter die Hotelzone von **Port d'Alcúdia.** Den alten Ortskern prägt der nahe Fährhafen. Ein kilometerlanger, breiter und kinderfreundlicher Sandstrand mit großen Bettenburgen, in denen sich im Sommer ein eher jüngeres Publikum aus Großbritannien, Deutschland und Skandinavien einquartiert, schließt an. Außerhalb der Badesaison werden die Bürgersteige hochgeklappt.

SCHLEMMEN, SHOPPEN, SCHLAFEN

 In fremden Betten

Strandferien abseits des Trubels
Mal Pas
Wer auf Partyrummel verzichten kann, verbringt hier einen ungezwungenen Urlaub. Um eine alte Villa gruppieren sich neuere Bauten, rundum ein gepflegter Garten mit Poollandschaft.
Platja Mal Pas, T 971 54 51 43, www.prinsotel.es, €€

Individuell mit kosmopolitischem Hauch
Cas Ferrer Nou Hotelet ❷
In einer ehemaligen Schmiede hat sich das winzige Stadthotel eingerichtet. Jedes der sechs Zimmer ist anders gestylt, inspiriert durch mediterrane Poesie und Kunst.
Carrer Pou Nou 1, T 971 89 75 42, www.nouhotelet.com, €

Landleben auf hohem Niveau
Son Siurana ❸
Die ökologisch bewirtschaftete Finca bietet Unterkunft mit viel Privatsphäre in Ferienhäusern, Apartments und Suiten. Auf den Ländereien weiden Schafe und Ziegen, gedeihen Mandeln, vielerlei Obst und Kräuter (über www.booking.com u. a.).
Ctra. Palma–Alcúdia Km 42,8, T 971 54 96 62, www.sonsiurana.com, €€

Der Ziegenbock trägt beeindruckende Hörner, also besser nicht reizen! Meist trollen sich die Tiere allerdings von alleine.

 Satt & glücklich

Im Herzen der Stadt
Fonda Llabrés ❶
Ganz zentral stellt der Restaurantklassiker seine Tische ins Freie. Im Angebot ist eine breite Palette mallorquinischer und spanischer Gerichte. Angeschlossen ist ein Boutiquehotel (€) mit Cocktailbar auf dem Dach.
Plaça Constitució 6, T 971 54 50 00, www.fondallabres.com, tgl. geöffnet, €€

Sport & Aktivitäten

Fahrradtouren
Die flache Umgebung von Alcúdia eignet sich gut zum Radfahren. Verleihfirmen gibt es in Port d'Alcúdia: **Wheels Sport** ❶, Av. Nicolau Riera Marsà 2, www.wheelssport.net; **Mallorca on Bike** ❷, Av. México s/n, www.mallorcaonbike.com.

Bootsausflüge
Alcudia Sea Trips ❸ bietet diverse Touren mit Glasbodenboot, Segelkatamaran oder Speedboat an, etwa zur Delfinbeobachtung, entlang der Nordküste oder zur Platja de Formentor (Port d'Alcúdia, www.alcudiaseatrips.com).

INFOS

O.I.T. Alcúdia: Passeig Pere Ventayol s/n, T 971 54 90 22, www.alcudiamallorca.com. Mit Filiale in Port d'Alcúdia, Passeig Marítim s/n.
Autofähren: ▸ S. 113

TERMINE

Festas de Sant Jaume i Santa Anna: um den 25./26. Juli. Zweiwöchiges Fest zu Ehren der beiden Ortspatrone. Alle drei Jahre wird am 26. Juli der »Sant Crist« durch die Straßen der Stadt getragen (2022, 2025 usw.).

IN DER UMGEBUNG

Eine mysteriöse Höhle

In den kühlen Schlund im Wald steigt eine steile Treppe hinab. Frühe Anhänger Christi sollen sich in der **Cova de Sant Martí** (📖 G 2) im 2./3. Jh. vor römischen Soldaten versteckt und heimlich das Messopfer gefeiert haben. Heute stehen unten zwei Altäre aus der Zeit kurz nach der Reconquista (13. Jh.). Einer ist Sankt Martin gewidmet, der andere zeigt Sankt Georg im Kampf mit dem Drachen. Steinerne Fratzen starren in die Höhle, erst sichtbar, wenn sich die Augen an die Dunkelheit gewöhnt haben (Anfahrt: über Av. Pere Mas i Reus/Carrer Can Vauma, Eintritt frei).

Einsiedelei ganz fernab

Wie ein Keil schiebt sich die **Halbinsel Victòria** zwischen die Buchten von Pollença und Alcúdia. Mitten im Wald liegt dort die **Ermita de la Victòria** (📖 H 2). Hier wird die ›siegreiche Madonna‹ verehrt, um die sich die Legende einer Auffindung durch eine Hirtenjungen rankt. Wegen der Gefahr von Piratenüberfällen wurde die kleine Kirche wehrhaft ausgelegt, mit dicken Mauern und ohne Turm. Ein steiler, steiniger Weg führt auf den Aussichtsgipfel **Talaia d'Alcúdia** (445 m), den höchsten Berg der Halbinsel (mit Rückweg 2 Std.).

Gut versteckte Kunst

Eine Ausstellung der besonderen Art bietet das **Museo Sa Bassa Blanca** (📖 H 2). Yannick und Ben Jakober verwandelten die alte Zisterne eines Bauernhofs in ein Museum mit der Sammlung »Nins« (Kinder). Mehr als 50 Gemälde alter Meister zeigen den Nachwuchs von Adels- und Bürgerfamilien des 16.–19. Jh., meist wie kleine Erwachsene ausstaffiert und mit Schutzamuletten aus Korallen geschmückt. Im Park stehen riesige Tierskulpturen, von dem britischen Künstlerpaar aus verschiedenen Graniten gehauen. Im Mai und Juni erblüht der altenglische Rosengarten.

Camí des Coll Baix, www.msbb.org, Mi–Sa 10–18, So 10–15 Uhr, 10 €; nur Park/Garten 5 €; Haupthaus Casa Hassan Fathy nur geführte Besichtigungen, vorher anmelden, 25 €

Für Birdwatcher ein Eldorado

Ein Vogelparadies ist der **Parc Natural de s'Albufera de Mallorca** (📖 G 2/3). Mehr als 200 Arten wurden in dem Feuchtgebiet schon gesichtet, darunter ausgefallene wie Seidenreiher oder Flamingo. An Reptilien zeigen sich Ringelnatter und Europäische Sumpfschildkröte. Zwischen Februar und Mai und im Oktober/November machen zahlreiche Zugvögel Station. Mittendrin verarbeitete eine kleine Papierfabrik bis 1966 das Schilf der Albufera. Heute informiert hier eine Ausstellung über das Gebiet. Gegenüber im Infozentrum erhalten Sie einen Lageplan. Kurze Stichwege führen zu Lagunen mit Beobachtungsständen. Wer den großen Rundweg durch den Naturpark absolvieren möchte, ist zu Fuß 4 Stunden, mit dem Fahrrad 1 Stunde unterwegs.

www.balearsnatura.com, Okt.–März tgl. 9–17, April–Sept. 9–18 Uhr, Infobüro tgl. 9–14 Uhr, Eintritt frei

Can Picafort 📖 G/H 3

Unter den Ferienorten an der Badia de Alcúdia einer von der anheimelnden Sorte. Rund um den kleinen Fischer- und Jachthafen hat er ein gewisses Flair, vor allem am Freitagvormittag zum Wochenmarkt. Ansonsten schließt an den schönen Sandstrand eine vergleichsweise gefällige touristische Bebauung an. Westlich des Ortes ist die Platja de Muro, auf fast 2 km Länge Teil des Naturparks Albufera, von Dünen und Kiefernwald gesäumt. Auch außerhalb der Badesaison lohnen hier Strandspaziergänge.

Von der Brandung halb verschluckt

Am Meer entlang ist Richtung Osten die **Necrópoli Son Real** (📖 H 3) in 20 Minuten erreicht: immerhin

das größte antike Gräberfeld des
Mittelmeerraums, Archäologen fanden
109 Gräber für etwa 400 Tote. Offen-
bar wurden hier die Angehörigen der
vornehmsten Familien Mallorcas in
prähistorischer Zeit gemeinsam bestattet. Allmählich drohen die Grabstätten
ein Opfer der Fluten zu werden. Exponiert auf einer flachen Halbinsel liegen
sie der Brandung völlig ausgesetzt.

⌂ Mit mallorquinischem Charme
Es Bauló
Wohltuend hebt sich das mediterran
gestaltete Petit Hotel von so manchem
Betonklotz ab. Studios und Apartments für Selbstversorger (Frühstück
inbegriffen), optimal diejenigen zum
angrenzenden Wald gelegenen.
Av. Santa Margalida 28, T 971 85 00 63,
www.esbaulo.com, €

⊙ Der gewisse Unterschied
La Pinta
Modern-rustikal, so richtig zum Wohlfühlen. Als Tagesgerichte kommen Leckereien
wie *Suquet* (Fischeintopf) mit Seeteufel
und Meeresfrüchten auf den Tisch.
Passeig Colom 159, T 971 85 11 82,
tgl. 18–24 Uhr, €€

IN DER UMGEBUNG

Dünen und Kiefernwald
Den alten Gutshof umgeben Mandelplantagen und Schafweiden. 2002
erwarb die Regierung die **Finca Son
Real** (⌂ H 3) und stellte damit das
letzte große Dünengebiet Mallorcas unter Schutz. Die restaurierten
Gebäude beherbergen ein Infobüro
und ein Bauernmuseum, das sich mit
der Vergangenheit der Finca befasst.
Vier farbig markierte Wander- und
Radwege durchziehen das mit Kiefern
bewaldete, orchideenreiche Gelände
bis zum Strand. Wenn Sie die drei
längeren Wege kombinieren, sind Sie
zu Fuß rund zwei Stunden unterwegs.
Ma-12 Km 17,7, www.balearsnatura.com,
tgl. 9–16 Uhr, Infobüro/Museum nur
9.30–15.30 Uhr, Eintritt frei

Petra ⌂ G 4

**Enge Straßenzüge prägen den Ort.
Ihre geschlossenen Häuserzeilen
lassen kaum einen Lichtstrahl passieren. So bleibt es während der
sommerlichen Siesta angenehm
kühl in der Stadt. Früher widmeten
sich die Bewohner dem Anbau von
Getreide im Umland, heute eher
dem Weinbau.**

Der Gründer von Los Angeles
Eine Kuriosität am Rande ist das
Museu Sant Juníper Serra. Der
Franziskanermönch (1713–84), der Ka-
lifornien missionierte und dort Städte
wie San Francisco, San Diego und Los
Angeles gründete, stammte aus Petra.
Sein Geburtshaus ist heute Museum.
Zahlreiche Amerikaner waren schon
hier, darunter 1997 auch Ex-US-Präsi-
dent Bill Clinton.
Carrer Barracar Alt 6, Di–Sa 9.30–13.30 Uhr,
https://ajpetra.net, 2 €

⌂ Stadthaus mit Flair
Casal de Petra
Ein renoviertes Haus in der Altstadt von
Petra wurde in stilvolle Gästezimmer
aufgeteilt. Self-Check-in, Frühstück
bereitet man sich in der Gemeinschafts-
küche zu und nimmt es im Innenhof ein.
Einen kleinen Pool gibt es auch.
Carrer de Manacor 63, T 630 73 07 80,
www.myroomshotels.es, €

⊙ Ursprüngliches Kellerlokal
Es Celler
Wohltuend frisch ist es im Sommer in
den hohen Gewölben. Die bodenständige Küche liefert riesige Fleischportionen,
etwa Milchkaninchen oder Zicklein mit
Pilzen.
Carrer de l'Hospital 46, T 971 56 10 56,
tgl. 12–24 Uhr, €€

⊠ Bei der Winzerfamilie
Miquel Oliver
Seit vier Generationen ist die Weinkel-
lerei in Familienbesitz. Eine große Rolle
spielen Rotweine, inzwischen wird auch

mit Weißwein, Rosé und Cava (Sekt) experimentiert.

Carrer de la Font 26, T 971 56 11 17, www.miqueloliver.com, Mo–Fr 10–18, Sa 11–13.30 Uhr, geführte Touren durch Bodega und Weinberge nach Anmeldung

🏆 Modelabel mit Wurzeln im Ort
Abbacino

Freuen Sie sich auf einen großzügigen Showroom mit Handtaschen und Wallets für die Frau über 30. Jedes Jahr gibt es zwei Kollektionen, und für jeden Geldbeutel ist etwas dabei. Dazu sind die passenden Accessoires im Angebot, etwa Sonnenbrillen oder Hüte. In den 1970er-Jahren hatte alles mit der Fabrikation schlichter Ledertaschen begonnen.

Carrer Bellavista 27, www.abbacino.es

··

IN DER UMGEBUNG

··

Die Kathedrale der Berge
So nennen die *Locals* scherzhaft ihre imposante Wallfahrtskirche. Weithin sichtbar steht die **Ermita de Bonany** (📖 G 5) auf einem bewaldeten Berg. Hier wird eine Madonna verehrt, die 1609

Bei tief stehender Abendsonne scheint die Ermita de Bonany zu glühen, Grund ist der sanfte Ockerton des Gesteins.

eine Dürrekatastrophe verhindert haben soll. Die Felder vertrockneten schon, die Früchte verdarben. Nachdem eine Prozession zur Bergkapelle gezogen war, wurde es doch noch ein regenreiches ›gutes Jahr‹ (*bonany*). Um den wachsenden Wallfahrerstrom zu bewältigen, wurde die Kirche mehrfach vergrößert, zuletzt 1918 bis 1925. Nur das Barockportal blieb von einem älteren Bau erhalten (tgl. 7.30–19.30 Uhr). Auf dem weiten Vorplatz lässt es sich im Schatten angenehm rasten.

Montuiri 📖 F 5

Windmühlen reihen sich auf dem Bergrücken, an den sich der Ort schmiegt. Früher mahlten sie Getreide. Erkunden Sie die engen Gassen von Montuiri besser zu Fuß. Von der unteren Hauptstraße, wo Sie parken können, führt eine Treppengasse zur Pfarrkirche und der oberen Dorfstraße hinauf. Dort gibt es ein paar Geschäfte und Bars, in die sich Ortsfremde nur selten verirren.

Ein Museum der Megalithkultur
Den attraktiven Rahmen für das **Museu Arqueològic de Son Fornés** gibt eine Getreidemühle aus dem 18. Jh. ab. Innen ist alles zeitgemäß: übersichtliche Vitrinen, Schautafeln, Computeranimation. Nach Epochen geordnet wurden Keramiken, Steinwerkzeuge, Metallgeräte und Knochen. Die meisten stammen aus dem Talayotdorf Son Fornés (frei zugänglich, Anfahrt s. Website).

Carrer Emili Pou s/n, www.sonfornes.mallorca. museum, Mo–Fr 10–14 Uhr, 3,50 €, letzter So im Monat 10–14 Uhr, gratis

🏆 Perlenschmuck aus Mallorca
Perlas Orquídea

Fertigt als einzige Perlenmanufaktur bis heute ausschließlich auf der Insel. Durch Glasscheiben lassen sich die Produktionsprozesse verfolgen. Mit riesigem Verkaufszentrum.

Ma-15 Palma–Manacor Km 30, www.orqui deashop.es, Mo–Fr 9–14, 16–18 Uhr

11

Landleben anno dazumal – **im Museumsgut Els Calderers**

Anno dazumal ist noch gar nicht so lange her. Bis vor wenigen Jahrzehnten lebten mallorquinische Großgrundbesitzer so, wie auf dem Gutshof Els Calderers nahe der Ortschaft Vilafranca de Bonany gezeigt. Landwirtschaft spielte bis zum Beginn des Tourismus die überragende Rolle auf der Insel.

Landsitz und Besitzerfamilie wurden im Jahre 1285 erstmalig urkundlich erwähnt, also schon kurz nach der Reconquista. Das heutige, stattliche Gutshaus entstand im 18./19. Jh., der lukrativsten Epoche der Finca. Heute ist sie ein anschauliches Museum und gibt einen umfassenden Einblick in das mallorquinische Landleben wohlhabender Grundbesitzer. Auf dem Gelände können Sie sich gut einen halben, wenn nicht ganzen Tag aufhalten. Schattige, romantische Ecken laden zum Picknick ein.

So residierten die Herrschaften ...

0
OBST

Bis heute sind Vilafranca de Bonany und Umgebung berühmt für die dort angebauten Melonen. Kleine Läden entlang der alten Hauptstraße bieten während der Saison die süßen Früchte in allen Variationen an. Wer Deftiges bevorzugt, kann dort auch Chilischoten erwerben, die ebenso wie getrocknete Tomaten, Knoblauch und Zwiebeln – zu Zöpfen geflochten – fotogen neben den Türen der Geschäfte hängen.

Da ist zunächst einmal das stattliche Herrenhaus, dessen Originaleinrichtung erhalten blieb: Der große **Salon** ist mit Gemälden einheimischer Künstler vergangener Jahrhunderte dekoriert. Unter den Tischen standen im Winter Kohlebecken, die Mägde mit Glut aus dem Backofen füllten. Um Füße und Beine ordentlich zu wärmen, zog jeder einen Zipfel der langen Tischdecke über den Schoß. In der **Hauskapelle** las ein Pfarrer jeden Tag die Messe, sofern die Familie, die auch ein Stadthaus in Palma besaß, auf dem Gut weilte. Im **Speisesaal** ist eine festliche Tafel – leider nur zu Schauzwecken – für 18 Personen gedeckt. Nach dem Essen zogen sich die Herren in das **Jagd- oder Arbeitszimmer** zurück, die Damen unterhielten sich im **Musikzimmer**.

An den **Schlafraum** mit prachtvollen Mahagonimöbeln grenzend, gab es getrennte Ankleidezimmer für den Hausherrn und seine Gattin.

Die Wände der Salons von Els Calderers sind reichlich mit Ölgemälden der Ahnen und Landschaftsbildern einheimischer Künstler dekoriert.

Einblick bekommen Sie zudem in **Arbeitsräume,** Vorratskammern, Bedienstetenzimmer und Küche. Bevor Sie das Haus verlassen, dürfen sie noch den hauseigenen Wein und Canapés mit *sobrassada* (Paprikawurst) probieren.

... und hier wurde gearbeitet

Dann geht es in den Hof des Landguts. In verschieden Werkstätten wird gezeigt, wie zu früheren Zeiten gewirtschaftet wurde. Eine **Schmiede** mit alten Werkzeugen, ein **Backhaus** und die **Wäscherei,** in der das Gesinde auch Stoffe einfärbte, sind zu besichtigen. Die Viehhaltung spielte eine wichtige Rolle für die Ernährung. In Erinnerung daran tummeln sich in einem Gehege schwarze Schweine, die eine besonders schmackhafte *sobrassada* liefern.

Im 19. Jh. war Wein das wichtigste Erzeugnis der Finca. In der Bodega im Haus sind noch Flaschen aus dieser Zeit zu bewundern. Doch dann zerstörte die aus Amerika eingeschleppte Reblaus fast alle Weinstöcke auf Mallorca. Els Calderers sattelte auf Getreide und Mandeln um. Ersteres erwies sich schon bald nicht mehr als lohnend. Auch mit Mandeln ließ sich immer weniger Geld verdienen. Die Konkurrenz aus Valencia und später aus Kalifornien war stärker.

Das etwa 200 ha große Landgut wurde noch bis um das Jahr 1950 ernsthaft bewirtschaftet. Danach lag viel Land brach. Schließlich kam 1993 die Eröffnung als Museum.

INFOS/ÖFFNUNGSZEITEN

Els Calderers: Mo–Sa 10–17 Uhr, www.elscalderers.com, 9 €.

KULINARISCHES FÜR ZWISCHENDRIN

Das **Can Tronca** in Sant Joan (C. del Mestre Mas, T 686 56 15 03, tgl. 12–17 Uhr, www.restaurantecantronca.com, €€€) kommt beim einheimischen Publikum gut an. Festes Menü mit traditionellen Zutaten: Weinbergschnecken, Arroz brut, Spanferkel. Reservierung empfohlen, da alles frisch zubereitet wird.

Faltplan: G 5

Süden und Osten

Mitten im platten Land liegen Marktstädtchen wie Campos. Salzkegel glitzern hinter dem Naturstrand Es Trenc in der Sonne. Individualisten quartieren sich in Colònia de Sant Jordi oder Cala Figuera ein. Wenn Sie verschwiegene Badebuchten lieben, besuchen Sie doch die Cales der Ostküste. Portopetro und Portocolom bieten Hafenflair, die Drachenhöhle wirkt urgewaltig. Um den Naturpark Peninsula de Llevant reihen sich die Festungsstädte Artà und Capdepera sowie der quietschlebendige Fischerort Cala Rajada.

Campos 🗺 F 6

Wuchtig wirkt die Bebauung aus ehemaligen Klosteranlagen und alten Speicherhäusern für die Landwirtschaft. Vor allem Rinderzucht und Käseproduktion bringen Geld in die Stadt.

Am schönsten zur Marktzeit

Der Samstagvormittag steht in Campos ganz im Zeichen des Trödelmarkts **El Baratillo**, der sich entlang der ganzen Hauptstraße abspielt. An Sa Plaça, seinem nördlichen Ende, geht er in einen gut sortierten **Lebensmittelmarkt** über, auf dem auch einige Imbissstände nicht fehlen. An den anderen Tagen der Woche ist es sehr ruhig in dem Städtchen.

🍫 Lust auf Schokobruch?

Pomar
Die Erzeugnisse der 1902 gegründeten Traditionskonditorei werden weit über Campos hinaus gerühmt. Neben Süßem, etwa hausgemachter Schokolade, ist auch *coca*, die mallorquinische Variante der Pizza, im Angebot.
Carrer de sa Plaça 20, www.pomaronline.com, tgl. 7.30–14.30, 16–20 Uhr

🧀 Käse von glücklichen Kühen

Formatge Burguera
Der Familienbetrieb erzeugt Käse aus der Milch eigener Kühe. Im Angebot sind würzige Hartkäse verschiedener Reifestufen, Hüttenkäse und Quark.
Ma-6040 Campos–Colònia Sant Jordi Km 6/7, www.formatgesburguera.com, tgl. geöffnet

❶ Termine

Fira Ganadera: 2. Sonntag im Mai. Großer Viehmarkt, vor allem für Rinder. Die besten Milchkühe und Stiere werden prämiert.
Festa de Sant Blai: 1. Sonntag nach dem 3. Feb. Eine der ursprünglichsten Wallfahrten auf Mallorca führt zur südöstlich von Campos gelegenen Ermita des hl. Blasius, der für den Schutz des Viehs zuständig ist.

IN DER UMGEBUNG

Auch hierher lockt der Markt

In der ländlichen Kleinstadt **Porreres** (🗺 F/G 5) lohnt der Besuch am Dienstag. Dann findet vormittags auf Sa Plaça, dem Hauptplatz vor dem Rathaus, ein authentischer **Wochenmarkt** statt. Die Händler führen Bekleidung für den einheimischen Bedarf, Gemüse, Obst, Stockfisch, Gartenpflanzen und Schnittblumen.

☕ Schön schattig sitzen

Ca'n Guillem
Unter der Markise des Stadthauses nicht weit von der Kirche lässt es sich angenehm verweilen und Leute gucken. Drinnen geht es zu wie in einer typisch spanischen Bar. Für einen Kaffee ebenso gut wie für ein kleines Essen, etwa ein leckeres *pa amb oli*.
Av. del Bisbe Campins 1, T 971 64 74 95, tgl. 6–24 Uhr, €

Cala Pi 🗺 E 7

Wie ein Fjord schneidet die Bucht ins Land ein. Oft ankern Segeljachten in dem türkisblauen Wasser. Ganz am Ende der Cala liegt ein schnuckeliger Sandstrand. Obwohl nur über eine lange, steile Treppe zu erreichen, bevölkern ihn im

Die Cala Pi ist immer gut besucht. Aber sie ist auch wirklich besonders schön!

Hochsommer zahlreiche Badelusti-
ge. Der anschließende Ort besteht
aus einer Clubanlage und ein paar
Bungalows im Kiefernwald.

An der Küste wandern

Ein beliebter Wanderweg führt von der
Cala Pi nach Westen, wo er schon bald
die kleinere, steinige **Cala Beltràn**
berührt. Auch hier herrscht Badebe-
trieb. Weiter geht es auf einem rauen
Küstenplateau bis zum einsamen **Cap
Blanc** (mit Rückweg 4 Std.). Dort ragt
ein alter Wachturm auf, fast schon zum
Greifen nah. Doch der Weg zu ihm ist
durch eine militärische Zone versperrt.
Dafür entschädigt der beeindruckende
Blick aufs Meer aus rund 80 m Höhe.
Ein idealer Ort für ein Picknick.

🍴 Perfekt für einen Sommertag
Miguel de Cala Pi
Auf der Terrasse beim Piratenturm sind
Fisch und Meeresfrüchte die Stars. Ein
bisschen touristisch, wen wundert's bei
der tollen Lage.
Carrer Torre 11, T 971 12 30 00, Di–So,
Di nur abends geöffnet, Ende Okt.–Ostern
geschl., €€€

IN DER UMGEBUNG

Eine wehrhafte Siedlung

Wo heute Mandelsträucher und
Johannisbrotbäume wuchern, lag in
prähistorischer Zeit ein Dorf, umgeben
von einem Mauerring. Vor etwa 3500
Jahren gegründet, war **Capocorb Vell**
(📖 E 7) noch lange nach der Eroberung
Mallorcas durch die Römer bewohnt.
Wissenschaftler deuten drei runde
Talayots mittendrin als Wohntürme der
Dorfoberhäupter. In die Verteidigungs-
mauer einbezogen waren viereckige
Wachtürme, die unten eine Grabkammer
bargen. Eng verschachtelt drängten sich
von innen die Wohnräume der einfache-
ren Leute an die Mauer. Ein Rundweg
führt durch die weitläufige archäolo-
gische Stätte, die auf einer Fläche von
7000 m² freigelegt wurde.
Ma-6014 Km 23, Fr–Mi 10–17 Uhr, 3 €

Mehr als 1000 Talayots fanden
die Archäologen auf Mallorca.
Die massiven Türme dienten den
Menschen der Megalithkultur vor
allem zur Verteidigung. Nicht von
Piraten drohte die Gefahr, sondern
von anderen Dörfern: Tagsüber,
wenn alles friedlich war, hielten sich
die Bewohner auf ihren Feldern auf,
hüteten Schafe und Ziegen. Nachts
jedoch drohten Überfälle. Deshalb
wurden die Tore der wehrhaften
Siedlungen bei Einbruch der Dunkelheit geschlossen und das Vieh in
Ställe neben den Häusern gesperrt.

Colònia de Sant Jordi 📖 F 8

Obwohl quadratisch-praktisch
angelegt, wirkt Colònia de Sant
Jordi nicht seelenlos. Eine schöne
Promenade führt an der flachen
Felsküste über einen Holzsteg. In
der Hafenbucht gibt es einen kleinen Strand, Cafés und Fischlokale.
Daran grenzen Ferienwohnungen
der Mallorquiner und noch weiter
westlich ein Hotelviertel. Dorthin
zieht es vor allem Schweizer.
Attraktive Naturstrände flankieren
den Ort: im Westen die legendäre
Platja des Trenc (▶ S. 88), im
Osten die Platja des Carbó und in
ihrer Verlängerung die einsamere
Platja Ses Roquetes.

Ein eigenwilliges Besucherzentrum

In einer unterirdischen Höhlenwelt widmet sich das **Centre de Visitants Parc
Nacional de Cabrera** der Unterwasserfauna in den Gewässern der Inselgruppe
Cabrera (▶ S. 91). Ein gläserner Auf-
zug fährt hinauf ans Tageslicht, wo es
um Geologie, Flora und Fauna der Land-

Sand, Dünen, Salz – am Naturstrand Es Trenc

Strände gibt es viele auf Mallorca, sogar auch noch natürliche. Die Platja es Trenc ist der längste unverbaute Sandabschnitt der Insel. Ihr Hinterland ist Naturschutzgebiet, Hotels & Co. fehlen daher. Mancher fühlt sich hier an die Karibik erinnert.

Aber wir sind auf Mallorca, lassen wir also das Karibikflair mal außen vor. Nichtsdestotrotz gibt es türkisblaues Wasser, weißen Sand, eine leichte Brise vom Meer. Im Hintergrund rascheln zwar keine Palmen im Wind, doch ist die Flora nicht weniger interessant: Kiefern, Wacholder, Tamarisken, Wolfsmilchgewächse, Strandnarzissen. Sie alle haben sich an das Dünengebiet angepasst. Wie überall auf der Insel gilt, je weiter Sie sich zu Fuß von den Straßen entfernen, desto ruhiger und ursprünglicher werden Umgebung und Natur.

Schier endlose Weite

Fast 6 km lang und feiner weißer Sand, so präsentiert sich die **Platja des Trenc** 1. Längst ist sie kein Geheimtipp mehr. In der Hochsaison sind die Parkplätze an ihren beiden Zugängen, beim Dörfchen **Ses Covetes** und beim Ferienort **Colònia de Sant Jordi** (► S. 87), schon am frühen Vormittag belegt. Allerdings gehen viele Strandurlauber nicht weit zu Fuß. Machen Sie also einen Spaziergang, finden Sie immer ein ruhiges Plätzchen. In der südlich angrenzenden Sandbucht **Es Pregons Grans** 2 wird FKK praktiziert.

Wenn die letzten Badegäste Mallorca im Spätherbst verlassen haben, zeigt sich der Strand bis ins Frühjahr hinein von einer anderen Seite, ist auf seiner ganzen Länge recht einsam – und erinnert nun zuweilen mehr an karge Ostseestrände denn an Südsee-Bilderbuch-Buchten. Doch nicht nur an sonnigen Tagen, sondern auch dann, wenn ein rauer Ostwind pfeift, sind hier ausgedehnte Strandwanderungen ein unvergessliches Erlebnis.

Zu den entlegenen Ecken der Platja des Trenc ist der Fußweg weit. Dafür finden Sie dort noch Einsamkeit.

Weißes Gold im Hinterland

Im Hinterland der Platja des Trenc produzieren die **Salines de Llevant** 3 jährlich ca. 10 000 t Salz nach einem uralten Prinzip. Meerwasser verdunstet in flachen Becken über den Sommer hinweg. Dann wird das verbliebene Salz zu weißen Bergen zusammengeschoben. Optisch erinnert die Landschaft hier ein wenig an die Arktis. Mikroskopisch kleine Algen färben das Wasser der Teiche rot. Der farbliche Kontrast zu den hellen Salzkrusten trägt entscheidend zum Reiz dieser rauen Gegend bei.

Für Vögel ein kleines Paradies

Strand und Salinenbecken bilden gemeinsam den **Parc Natural Es Trenc – Salobrar de Campos**. Nördlich und westlich grenzen an die Saline nicht mehr genutzte Salzpfannen an. Sie dienen Silbermöwen, Stelzenläufern, Flussseeschwalben und Flamingos als Brutstätte und dürfen nicht betreten werden. Sie können die Vögel aber von der Zufahrtsstraße zum Parkplatz **Na Tirapèl** beobachten. Nicht vergessen: Fernglas mitnehmen!

In Handarbeit wird die ›Salzblüte‹ in den Salines de Llevant mit einem Rechen eingesammelt. Es handelt sich um winzige Salzkristalle, die, vom Wind ans Ufer der Salinen getrieben, dort eine feine Kruste bilden. Flor de Sal bleibt unraffiniert und enthält daher noch alle natürlichen Mineralstoffe. Beim **Salinengebäude** 3 gibt es eine Verkaufstelle. Außerdem finden Sie die Spezialität in Feinkostläden und auf Märkten. Weiter Infos unter: www.flordesal destrenc.com.

INFOS

Parken: Parkplatz **Na Tirapèl** (400 Plätze, ganzjährig 7 €/Tag; Anfahrt über Ma-6040 Richtung Colònia de Sant Jordi, bei den Salinen einbiegen). Eine Alternative ist nördlich von Ses Covetes der Parkplatz **Sa Barralina** für 500 Autos (5 €/Tag). Von dort läuft man 1,5 km bis zum Strand, im Juli/Aug. fährt ein Shuttlebus der Linie 530 (1,50 €/Strecke). An der Zufahrtsstraße nach Ses Covetes ist Parken nicht mehr erlaubt.

KULINARISCHES FÜR ZWISCHENDURCH

Am Südende des Strandes bei den Salinen liegt das Strandrestaurant **Es Trenc** 1 mit luftiger Terrasse und Gästeparkplatz (Es Salobrar, T 971 18 10 89, www.restaurantestrenc.com,

€€€). Ein szeniges Strandlokal ist die **Bar Esperanza** 2 in Ses Covetes (T 608 62 21 65, €€). Beide öffnen nur von Frühjahr bis Herbst.

Mit seinen weiten Buchten ist Colònia de Sant Jordi der ideale Ort für Strandfreaks.

oberfläche des kleinen, als Nationalpark unter Schutz gestellten Archipels geht. Architekt Miguel Masanet ließ sich beim Entwurf des turmartigen Hauptgebäudes durch die Talayots inspirieren. Die obere Plattform bietet eine wunderbare Aussicht. Dann geht es die »Zeitspirale« hinab, eine Rampe, neben der Wandgemälde die Besiedelungsgeschichte des Mittelmeerraums darstellen. Unten bilden die Wasserbecken des ›Meeres der Inseln‹ den Abschluss.

Plaça Es Dolç, www.balearsnatura.com, Juni–Okt. tgl. 10–19, sonst 10–18 Uhr, Dez./Jan. geschl., 8 €

🏠 Schöne Lage am Jachthafen
Honucai
Alle 84 Zimmer exotisch gestylt, alle haben Balkon, manche auch Meerblick. Für ungezwungene Aufenthalte ohne Pool und Animation. Radfahrerfreundlich. Beliebte Bar mit Hafenterrasse.

Carrer Bonança 1, T 971 65 51 78, www.hotelhonucai.com, €€

🍷 Der Klassiker am Hafen
Port Blau
Die Terrasse bietet den perfekten Hafenblick. Seit 1965 verwöhnt Familie Bauzá ihre Gäste mit freundlichem Service, inseltypischen Fischgerichten und reich bestückter Paella.

Carrer Gabriel Roca 67, T 971 65 65 55, www.facebook.com/portblau, Mi–Mo, Nov.–Ostern geschl., €€

⚙ Diese Bar ist Kult
Tambucho
Vorwiegend von Einheimischen besuchte Hafenbar am Hafen, in der auch tagsüber ein Kaffee schmeckt. Abends läuft das Team zu Hochform auf, serviert werden großartige Cocktails und feine Tapas. Musik von Pop über Independent bis Flamenco wird gern live präsentiert.

Carrer Estrella de Mar 1, tgl. 9–2 Uhr

🚲 Radverleih
Dank der flachen Umgebung ist Colònia de Sant Jordi eine Hochburg der Radfahrer. **Team Double J** (Av. Primavera 7A, T 971 65 57 65, www.teamdoublej.com) und **Ciclos Mora** (Av. Primavera 46, T 678 40 87 00, www.ciclosmora.com) vermieten verschiedene Radtypen: Von der Rennmaschine bis zum Citybike ist für jeden was dabei.

🚤 Bootstouren
Excursions a Cabrera hat von Mai bis Anf. Nov. verschiedene Ausflüge zum Cabrera-Archipel (s. u.) im Programm (www.excursionsacabrera.es, Abfahrten am Vormittag, ab 40 €).

IN DER UMGEBUNG

Mallorcas Meeres-Nationalpark
Die schnellste Überfahrt zum **Arxipèlag de Cabrera** dauert ab Colònia de Sant Jordi eine halbe Stunde, nur auf der größten Insel des Archipels, der **Illa de Cabrera** (Karte 3), wird an Land gegangen. Hier können Sie baden oder ein kleines **Naturkundemuseum** besuchen. Am Hafen gibt es eine Kneipe und einen Picknickplatz, die Mitnahme von Proviant und Trinkwasser empfiehlt sich. Der Aufstieg zum imposanten **Castell,** das früher der Piratenabwehr diente, dauert mit Rückweg eine Stunde. Der Rest der Insel darf nur im Rahmen kostenloser Führungen durch Ranger erkundet werden.
Zum Nationalpark wurde die kleine Inselgruppe 1991 wegen der vielen hier brütenden See- und Greifvogelarten erklärt. 10 021 ha umfasst der Park, davon liegen 8703 ha im Meer. Dort fühlen sich Delfine und Meeresschildkröten wohl. Vielleicht bekommen Sie auf der Rückfahrt welche zu Gesicht, wenn der Kapitän die Route über **Sa Cova Blanca** einschlägt. Am späten Nachmittag bietet die Grotte in den Strahlen der tief stehenden Sonne ein buntes Spiel der Farben und Lichtreflexe.

Ses Salines G 7

In dem ruhigen Landstädtchen fallen die wehrhaften Wohnhäuser mit turmähnlichen Seitenflügeln auf. Einst wurden sie zum Schutz gegen Piratenüberfälle so gebaut. Jeden Donnerstag findet auf dem Rathausplatz ein Markt statt, der den Altstadtkern mit Leben füllt.

Ein riesiger botanischer Garten
15 ha beträgt die Fläche des **Botanicactus**, was mindestens ebenso vielen Fußballfeldern entspricht. Tausende von Pflanzen versammeln sich hier. Ein mallorquinischer Gartenteil verbirgt sich hinter einer berankten Pergola.

Inseltypische Nutzpflanzen sind dort zu sehen, ebenso ein Windrad zur Hebung von Grundwasser. Die Kakteensammlung umfasst Arten aus aller Welt. In der Gesamtschau sind sie zu Gemälden berühmter Meister zusammengesetzt. Ein stiller See mit Insel und ein Palmengarten ergänzen das Bild.
Ma-6100 Ses Salines–Santanyí Km 1, zum Zeitpunkt der Recherchen vorübergehend geschlossen

🏠 In einem historischen Wehrhof
Ca'n Bonico
Bei Gefahr zogen sich die Stadtbewohner einst in das gut gesicherte Anwesen (13. Jh.) neben der Kirche zurück. Heute ist es ein schmuckes Hotel (28 Zimmer) und immer noch im Besitz der Gründerfamilie.
Plaça San Bartolomé 8, T 971 64 90 22, www.hotelcanbonico.com, €€

🏠 Landhaus im Mandel- und Feigenhain
Finca Sa Carrotja
Die Finca am Ortsrand bietet neun charmante Gästezimmer, einige davon mit privater Terrasse. Von Ende März bis Ende Oktober wird der Pool stets auf angenehme 24 °C beheizt. Adults only.
Sa Carrotja 7, T 971 64 90 53, www.sacarrotja.com, €€

🍴 Institution für Tapas und mehr
Casa Manolo
Mallorca-Kenner lieben das urwüchsige Lokal seit Jahren. Immer gut besucht, tagsüber wegen der guten Tapas, abends wegen der exquisiten Meeresküche. Legendär etwa der *arroz de Notario* (Reis mit Hummer).
Plaça Bartomeu 2, T 971 64 91 30, www.bodegabarahona.com, Di–So, €€€

IN DER UMGEBUNG

Ganz einsam im Süden
Mallorcas unmittelbare Südspitze ist öffentlich. Das riesige umzäunte Gelände hinter dem **Cap de Ses Salines** (G 8) hingegen nicht, es gehört der

Familie March (▸ S. 20). Aber eine Straße führt hindurch. Am Kap steht ein **Leuchtturm** von 1870. Der Blick schweift zum Archipel Cabrera. An die flache Felsküste grenzen Dünen. Rechts laufen Sie bis zum nächsten Strand, der ganz natürlich gebliebenen **Platja des Caragol,** etwa eine halbe Stunde.

Santanyí G 7/8

Wahrzeichen des ruhigen Landstädtchens ist die weithin sichtbare Wehrkirche Sant Andreu Apòstol. Auch eine Stadtmauer wurde um 1500 wegen der Piratengefahr nötig. Von ihr ist noch das Haupttor, die Porta Murada, erhalten. Gemütlich ist die Plaça Major mit einigen Cafés. In der Umgebung haben sich zahlreiche Deutsche angesiedelt. Sie betreiben als Künster in der Altstadt Ateliers und Galerien, führen Restaurants und Geschäfte.

Badebuchten, der große Pluspunkt
Die Küste vor Santanyí wartet mit einigen großartigen *cales* auf. Um sie zu erreichen, sollten Sie motorisiert oder mit einem Fahrrad ausgerüstet sein. An der feinsandigen **Cala Santanyí** wird es trotz der nur wenigen Hotels in der

ÜBRIGENS

Nördlich von Santanyí liegt **Cas Concos** (G 6/7), ein eher unscheinbarer Ort und doch als »Hamburger Hügel« bekannt. Seit den frühen 1990ern hat sich hier die norddeutsche High Society eingekauft. Hanseatisches Understatement ist Trumpf, der Reichtum wird nicht an die große Glocke gehängt. Im Gegensatz zum »Düsseldorfer Loch«, der Gegend um Andratx, so heißt es etwas bissig.

Hochsaison recht eng. In der Nähe ist die Felsbrücke **Es Pontàs** ein beliebtes Fotomotiv. Auch die eher abgelegene **Cala Llombards** füllt sich in den Sommermonaten. Dann öffnet dort eine urige Strandkneipe. Sehr ursprünglich zeigt sich die felsige **Cala S'Almunia.** Einen richtigen Strand hat sie nicht, Sonnenhungrige machen es sich auf den Klippen gemütlich.

IN DER UMGEBUNG

Ein junger, individueller Badeort
Einen Strand gibt es in **Cala Figuera** (H 7/8) nicht, dafür jede Menge Flair. Im Hafen liegen bunte Fischerboote vertäut. Um die zwei Arme der Bucht führt ein Holzsteg. Ringsum an den steilen Hängen stehen kleine Häuser, über Treppen zu erreichen. Im Sommer füllt sich der Ort mit jungen Individualurlaubern, die mit der Felsküste zum Baden vorlieb nehmen, um das besondere Ambiente von Cala Figuera nicht missen zu müssen. Hier gibt es keine heiße Partyszene, wohl aber einige Restaurants und Bars.

⌂ Über der Felsküste schwebend
Villa Sirena
Das Hotel (45 Zimmer) hat zwar nur zwei Sterne, dafür aber eine einmalige Lage. In den Klippen finden Sie Liegeflächen und eine Leiter ins Wasser. Über der Terrasse mit Barbetrieb wohnen Sie mitten im Geschehen, ruhiger geht es in den angeschlossenen Apartmenthäusern zu.
Carrer Verge del Carmen 37, T 971 64 53 03, www.hotelvillasirena.com, €

Cala d'Or H 7

Ein Architekt aus Ibiza konzipierte den Ferienort in den 1930er-Jahren. Wie auf Mallorcas Schwesterinsel üblich, bekamen die höchsten dreistöckigen Häuser ein Flachdach und strahlend weiße Wände. Platz für geräumige Gärten war damals noch genug vorhanden.

Ob das Netz noch hält? Kritisch beäugt der Fischer die Knoten.

Die schönsten Ecken im Ort
Die gefälligste Bebauung steht auf den Landzungen zwischen Cala Llonga, Cala d'Or und Cala Gran. An der namengebenden Cala d'Or gibt es nicht nur einen idyllischen Sandstrand, sondern auch ein paar Hotels. Gebummelt und eingekehrt wird eher am mondänen Jachthafen der Cala Llonga.

🏠 Charme der frühen Jahre
Cala d'Or
Das Traditionshotel im Ort (95 Zimmer), schon 1932 eingeweiht. Moderner 4-Sterne-Standard, aber das Flair blieb bewahrt. Die Lage an einer Traumbucht, umgeben von einem mediterranen Garten, überzeugt. Adults only.
Av. de Bélgica 49, T 971 65 72 49, www.hotelcalador.com, €€

🍴 Alteingesessen im Touristentrubel
Ca'n Trompé
Ein Highlight zwischen den Fastfoodlokalen rundherum. Hier ist die Küche ziemlich authentisch spanisch, auch wenn Einheimische unter den Gästen eine Minderheit bilden.
Av. de Bélgica 4, T 971 65 73 41, tgl. geöffnet, €€

IN DER UMGEBUNG

Hier ist Mallorca wie früher
Noch recht ursprünglich präsentiert sich der Fischerort **Portopetro** (🗺 H 7). Er beugt sich ans Ende einer langen Hafenbucht. Dort liegen unzählige kleine *llaüts*, traditionelle mallorquinische Fischerboote, mit denen heute Freizeitkapitäne aufs Meer hinaus tuckern. Die Promenade säumen eine Reihe von Ausflugsrestaurants, in denen am Wochenende die Mallorquiner schlemmen.

🏠 Atemberaubender Blick
Niu d'Aus
Überschaubar großes Haus, das charmant und luftig eingerichtet ist. Jedes Apartment hat einen Südbalkon mit Blick über die Hafenbucht von Portopetro. Und einen schönen Pool gibt es auch.
Carrer de s'Estei d'Argent 13, T 971 65 81 14, www.niudaus.com, €

13

Türkisblaue Buchten – die Cales von Mondragó

So mag es einst überall im Osten Mallorcas ausgesehen haben. Kiefernwälder und Froschtümpel umrahmen unberührte Klippen und Buchten. Zwei attraktive Sandstrände in der Hauptbucht und zwei felsigere Nebenbuchten bilden die Cala Mondragó.

Ein Netz aus fünf kleinen Wanderwegen erschließt den **Parc Natural de Mondragó** **1**. Der **Weg Nr. ❶** startet am Parkplatz Ses Fonts de n'Alis, dort verteilt das **Centre d'Informació** Gratis-Wanderpläne. Durch struppige Macchie geht es in 20 Minuten zu einem breiten Bachbett, das sich nur nach Regenfällen füllt, und zur **Platja Ses Fonts de n'Alis,** dem belebtesten Strand von Mondragó mit cremeweißem Sand.

Eine kleine Runde durch den Wald

Weg Nr. ❷ dreht vom Strand eine 30-minütige Runde durch den Wald und berührt die Felsbucht **Caló des Borgit** mit fast unwirklich türkisem Wasser. Nicht nur der kleine Sandstrand lädt zum Sonnenbaden ein, sondern auch von der Brandung blankgeschliffene Felsbänke nebenan.

Im Herbst schießt überall die Merendera aus dem Boden, die mallorquinische Version der Herbstzeitlose. Sie setzt zartviolette Farbakzente unter dem Kronendach der Bäume. Kleine Vögel huschen von Ast zu Ast, picken die zarten Kerne aus den Kiefernzapfen.

Zum zweiten Sandstrand ...

Eine gepflegte Klippenpromenade verbindet die Platja Ses Fonts de n'Alis mit der ruhigeren, von Dünen gesäumten **Platja S'Amarador** (nicht bewacht). Hier ist der Wellengang stärker, oft wird Tang angeschwemmt, es riecht nach Meer. Eine Strandbar sichert die Versorgung mit kühlen Getränken.

ÜBRIGENS

Schildkröten sind die große Attraktion des Naturparks. Vor allem am **Weg Nr. ❶** lohnt es sich, Ausschau zu halten. Dort lebt in der Macchie eine echte Rarität, die etwa 20 cm lange **Mittelmeerschildkröte.** Nachdem sie schon verschwunden war, wurde sie erfolgreich wieder angesiedelt. In den brackigen Tümpeln des Torrent tummelt sich die **Europäische Sumpfschildkröte,** ein dunkles Reptil mit flachem Panzer.

... und weiteren Wanderwegen

Wer von hier aus **Weg Nr.** ③ im Uhrzeigersinn erwandert, läuft erst das Küstenpanorama ab, blickt zur schmalen Felsbucht **Caló d'en Perdiu** und kehrt durch den Wald zum Strand zurück (30 Min.). Erweitern lässt sich die Tour um 20 Min. durch **Weg Nr.** ④, der noch einen Bogen landeinwärts schlägt. Auf dem Rückweg laden oberhalb der Platja S'Amarador Holztische und -bänke zum Picknick ein.

Eine Bucht für Romantiker: die türkisblaue Cala Mondragó.

Am Nordrand des Strandes startet **Weg Nr.** ⑤ (20 Min.) ins Feuchtgebiet des **Torrent des Corredor,** wo der Iberische Wasserfrosch quakt und Libellen über die stillen Wasserflächen sausen. Der Stichweg dreht unterwegs eine kurze Schleife und kehrt dann zum Strand zurück.

INFOS/ÖFFNUNGSZEITEN

Centre d'Informació: Parkplatz Ses Fonts de n'Alis, www.balearsnatura. com, tgl. 9–16 Uhr.
Anfahrt: über die Ma-19 S'Alqueria Blanca–Portopetro, dann ausgeschildert
Parken: gebührenpflichtig (5 €/Tag)

IM NATURPARK ÜBERNACHTEN

Zwei einsam im Wald nahe der Platja Ses Fonts de n'Alis gelegene Unterkünfte konkurrieren um Gäste. Das 2-Sterne-Hotel **Playa Mondragó** ① bietet neben Zimmern mit und ohne Balkon auch acht kleine Ferienwohnungen (T 971 65 77 52, www.playa mondrago.com, €).
Ähnlich das **Hostal Condemar** ②, die oberen Zimmer haben Meerblick (T 971 65 77 56, www.hostalcondemar. com, €). Beide Häuser sind familiengeführt und öffnen etwa zwischen Mai und Oktober.

KULINARISCHES FÜR ZWISCHENDRIN

Das Restaurant **Sa Font de n'Alis** ① stellt Tische hinter den gleichnamigen

Strand. Beliebt die Paella mit Meeresfrüchten, Calamares und Gambas (T 971 65 74 57, im Sommer tgl. 9.30–23 Uhr, €€).

BADEN UND SONNEN

Relaxen am Strand ist der perfekte Ausklang nach der Wanderung. Zwischen Juni und Oktober ist hier Badesaison.

Zwischen Cala d'Or und Portocolom liegt, umrahmt von Klippen und Pinienwäldern, die türkisfarbene, weißsandige **Cala Sa Nau** (🗺 H 7). Die Naturbucht schlängelt sich tief ins Land hinein und ist nur auf einer abenteuerlich schmalen Straße zu erreichen. Vom Parkplatz geht es 64 Stufen hinab (und später wieder hinauf). Unten räkeln sich die zumeist jüngeren Badegäste auf schicken Bambus- statt wie andernorts auf Plastikliegen. Allerdings haben diese auch ihren Preis, man gönnt sich ja sonst nichts. Der chillige *chiringuito* gefällt mit cooler Musik. In der Hochsaison ist durchaus Tischreservierung angesagt (T 637 83 32 76, https://grupomarport.com, €€).

🏮 Preiswert und gut
La Caracola
Bei Mallorquinern sehr beliebt und oft gut besucht. Auf der überdachten Terrasse am Wasser kommen solide mediterrane Mahlzeiten auf den Tisch, gern mit Fisch oder Meeresfrüchten, aber auch Fleisch.
Passeig d'es Port 40, T 971 65 70 13, www.lacaracolaportopetro.com, Di–So, €€

Portocolom 🗺 H/J 6/7

Wie ein großer Binnensee wirkt die Hafenbucht von Portocolom mit ihrem meist spiegelglatten Wasser und dem schmalen Ausgang zum Meer. Der Fischerhafen mit dem angrenzenden Dorfkern am Nordrand der Bucht hat noch Charme von ehedem. Im Westen liegt die Neustadt, auf der östlichen Landzunge ein luxuriöses Villenviertel mit Strandbereich. Die drei Ortsteile scheinen eher nebeneinander als miteinander zu existieren.

🛏 Am alten Fischerhafen
HPC Porto Colom
In dem eher einfachen Hostal wohnen Sie mit Blick auf dümpelnde Boote. Für kürzere Aufenthalte nicht der schlechteste Deal. Die Zimmer sind hell und bieten recht viel Platz. Mit einem geräumigen, erstaunlich stylishen Restaurant.
Carrer Cristoför Colom 5, T 971 82 53 23, www.hostalportocolom.com, €

🍴 Gehoben mediterran
Sa Llotja
Sicher eines der besten Restaurants der Insel: Qualität der Speisen und Service stimmen. Fangfrischer Fisch passt immer. Im Zweifel entscheidet man sich für das viergängige Menü. Schöne Terrasse mit Hafenblick.
Carrer dels Pescadors, T 971 82 51 65, https://restaurantsallotjaportocolom.com, €€€

Felanitx 🗺 H 6

Die freundliche Weinbauernstadt erstreckt sich zwischen vier Hügeln. Auf allen stehen stillgelegte Windmühlen. Obwohl mit 15 000 Einwohnern recht groß, wirkt Felantix beschaulich.

Manchmal ist doch was los
Am Sonntag strömen Tausende auf den **Wochenmarkt** vor der klobigen Pfarrkirche. Gegenüber deren Freitreppe führen Stufen zur uralten **Font de Margalida** hinunter. Die als heilkräftig geltende Quelle, durch wundersame Wasservermehrung soll sie niemals versiegen, umgibt eine Brunnenfassung in Form eines kleinen Altars.

🏺 Handgearbeitete Tonwaren
Ceràmiques Mallorca
Die familiäre Manufaktur von 1947 hat sich auf die Produktion künstlerischer Keramik spezialisiert. Eine der besten Adressen dafür auf der Insel.
Carrer Sant Agustí 50–58, www.ceramicasmallorca.com

Eine windgepeitschte Burg

Schon die halsbrecherische Zufahrt zum **Castell de Santueri** (📖 H 6) ist aufregend. Umso mehr die Besichtigung! Wie drohende Finger ragen die Türme der stattlichen Burgruine gen Himmel. Dank der Lage an einer schroffen Felswand war die Festung im Mittelalter fast uneinnehmbar. Maurische Truppen verschanzten sich hier während der Reconquista ein Jahr lang, bevor die Aragoneser sie stürmen konnten. Später diente das Gemäuer als Trutzburg gegen Piraten. Gerüchte wollen nicht verstummen, wonach ein unterirdischer Geheimgang das Kastell mit der Küste verband. Gefunden wurde er nie. Heute lassen sich hinter der restaurierten Burgfassade Mauerreste auf Trampelpfaden erkunden und Panoramablicke aus 400 m Höhe genießen.

Camí des Castell s/n, www.santueri.org, zum Zeitpunkt der Recherchen vorübergehend geschl.

Ganz viele Aussichten

Kein anderes Bergkloster Mallorcas liegt so exponiert. Die Einsiedelei **Santuari de Sant Salvador** (📖 H 6) beherrscht auf ihrem 509 m hohen Berg die Küste. Über die Zufahrtsstraße wälzt sich am Sonntag eine schier endlose Autokolonne. An Wochentagen trainieren Radfahrer auf der steilen Bergstrecke. Oben in der barocken Wallfahrtskirche von 1716 thront eine Madonna aus dem 13. Jh. Nebenan in der **Klostergaststätte** (€€) wird im Gewölbesaal oder auf der Panoramaterrasse ein Tagesmenü aus saisonalen Produkten aufgetischt.

In einigem Abstand zu den eng verschachtelten Gebäuden der Einsiedelei krönt seit 1934 eine gewaltige **Christusfigur** einen mehrstöckigen Sockel. Bei klarer Sicht ist von hier aus die Nachbarinsel Menorca zu erkennen. Das fast ebenso gigantische Kreuz auf der Felsnase linker Hand, ebenfalls mit tollem Blick, stammt von 1957.

Manacor 📖 H 5

Ein schlanker Kirchturm überragt das Häusermeer von Manacor. Mallorcas drittgrößte Stadt (25 000 Einw.) ist selbst für ausgesprochene Inselkenner meist eine Unbekannte. Entlang der Umgehungsstraßen zeigt sie sich als trostloses Zentrum der Möbel- und Keramikindustrie. Besucher

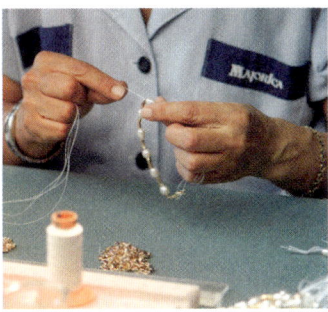

MALLORCA-PERLEN – FAKE, ABER TROTZDEM SCHÖN

Perlen aus Mallorca sind ein Kunstprodukt, aber ein durchaus gelungenes: nur Fachleute können sie von echten Perlen unterscheiden. Die Hersteller ahmen den natürlichen Entstehungsprozess mittels eines Tauchverfahrens nach und beschichten kleine Plastikkugeln mit Perlmutt. Dessen genaue Rezeptur halten sie geheim, vorwiegend soll die Substanz aus Fischschuppen und Muschelbruch bestehen. 1902 begann die Produktion in Manacor. Bis heute wird sie in der Firma Majorica (www.majorica.com) demonstriert. Majorica und auch das Konkurrenzunternehmen Orquídea (▶ S. 42) unterhalten an der westlichen Ortseinfahrt von Manacor (Via Palma) riesige Showrooms mit Fabrikverkauf.

*In der wärmenden Wintersonne bietet es sich förmlich an,
draußen ein Schwätzchen zu halten.*

kommen vor allem wegen der **Verkaufsausstellungen der Perlenfabriken Majorica und Orquídea. Majorica verlegte die Produktion der berühmten Mallorca-Perlen inzwischen von Manacor großenteils auf das spanische Festland.**

Spaziergang im historischen Kern
Auf der Plaça Ramon Llull findet am Montagvormittag der **Wochenmarkt** statt. Ringsum reihen sich populäre Restaurants und Bars. Der Turm der neugotischen **Església de Nostra Senyora dels Dolors** (19. Jh.), das Wahrzeichen der Stadt, ist mit 80 m das höchste Gebäude Mallorcas. Das Hauptportal der Kirche weist zur Plaça del Rector Rubí, wo auch der **Torre del Palau** steht, einziger erhaltener Rest eines von mehreren Königspalästen, die sich im 14. Jh. über die Insel verteilten.
Die anschließenden Plätze General Weyler und Sa Bassa sind bunt belebt durch schicke Boutiquen und Cafés, am Samstagvormittag auch durch einen Kunsthandwerkermarkt. Die **Markthalle** bietet eine solide Auswahl an heimischen Produkten (Plaça de la Constitució, Mo–Sa vorm.). Das **Rathaus** ist in den ehemaligen Dominikanerkonvent eingezogen. Dessen Kreuzgang (17. Jh.), der **Claustre de Sant Vicenç Ferrer,** ist eine Oase in der Stadt, mit mächtigen Bogengängen und Orangenbäumchen.

Besucherfreundliches Museum
Liebevoll präsentiert im Wehrturm eines alten Gutshofes das **Museu d'Història de Manacor** die Geschichte von Manacor, von der Megalithkultur über die Römer und frühen Christen bis zum Mittelalter und in unsere Tage.
Ma-4015 Manacor–Cales de Mallorca Km 1,5, www.museudemanacor.com, Mitte Sept.–Mai Mo, Mi 9–14, Do–Sa 9–14, 17–19.30, So 10.30–13, Juni–Mitte Sept. Mo, Mi 9–14, Do–Sa 9–14, 17–20.30 Uhr, Eintritt frei

🍴 Hier geht es authentisch zu
Sa Fonda
Jede Menge Lokalkolorit liefert das Lokal mit Barbereich vorne, wo inseltypische Tapas über den Tresen gehen, und solidem Restaurant hinten. Mit Straßenterrasse.
Rambla Rei en Jaume 3, T 971 84 35 26, Mi–Mo, €€

❶ Infos
Züge: Tgl. bis 22 Uhr ca. stdl. nach Inca/
Palma. Der Bahnhof liegt nordwestlich
der Innenstadt an der Plaça de sa Mora.

Porto Cristo 🗺 J 5

**Ausflugsbusse legen auf dem Weg
zu den Coves del Drac oft einen
Stopp am Strand von Porto Cristo
ein, der sich in der Badesaison
beachtlich füllt.**

Hinter dem Christushafen
Die Bucht mit Jacht- und Fischerhafen
ist dank der lang gezogenen S-Form
gut geschützt. Eine breite, von Pinien
gesäumte Promenade trennt Strand und
Hafen von der Uferstraße, wo Restaurants und Souvenirläden auf preisbe-
wusste Kunden unter den Touristen
hoffen. Auch in den seitlich abzwei-
genden Gassen wimmelt es nur so von
einschlägigen Lokalen und Geschäften.
Am Ende des Strandes liegen die **Coves
Blanques**. Diese natürlichen Höhlen
nutzten schon die prähistorischen Bewohner Mallorcas. Auch die Fischer von
Porto Cristo suchten hier in früheren
Zeiten Schutz vor Piraten.

Bizarre Tropfsteinhöhle
Die **Coves del Drac** (span. Cuevas del
Drach) ziehen als eine der Topsehens-
würdigkeiten Mallorcas viele Besucher
an. In der Hochsaison empfiehlt es sich,
frühzeitig einzutreffen! Der Clou im
Höhlensystem ist der LLac Martel, mit
177 m Länge und 40 m Breite größter
unterirdischer See der Welt. Namenspa-
tron war der Franzose Edouard-Alfred
Martel, der die Höhle im Auftrag von
Erzherzog Ludwig Salvator Ende des 19.
Jh. erforschte. Musiker geben dort auf
einem lautlos dahingleitenden, mystisch
beleuchteten Boot ein klassisches Konzert
– eine Inszenierung, die schon seit den
1930ern stattfindet. Kein Kitsch, sondern
wirklich erlebenswert.
Ma-4014 Richtung Cales de Mallorca, www.
cuevasdeldrach.com, Einlass zu jeder vollen
Stunde 10–14 Uhr, 15 €

Für Badeurlauber konzipiert
Der Ort hat die Skyline einer Großstadt,
doch nur 5800 Einwohner sind in **Cala
Millor** (🗺 J/K 4/5) gemeldet. Alle
anderen kommen und gehen. Die Infrastruktur orientiert sich am Geschmack
der vorwiegend deutschen Feriengäste.
Doch wurde schon immer weniger auf
Party gesetzt als etwa an der Platja
de Palma. Der Strand ist angemessen
breit und fast 2 km lang, parallel dazu
verläuft eine gepflegte Promenade.

Cala Rajada 🗺 K 3

**Am Hafen herrscht lebhaftes
Treiben. Die zweitgrößte Fische-
reiflotte der Insel (nach Palma)
ist hier stationiert. Im Sommer
füllt sich Cala Rajada mit einem
jungen, oft deutschsprachigen
Publikum. Das Urlauberleben
geht auch im Winter weiter. Eine
lange Promenade verbindet den
passablen Ortsstrand Platja de Son
Moll mit der reizvollen Badebucht
Cala Gat (10 Min. ab Hafen). Einen
besonders schönen, 600 m langen
Strand bietet die 1,5 km entfernte
Cala Agulla.**

Palast beim Hafen
Auf einem Hügel erhebt sich **Sa
Torre Cega**, der ›blinde Turm‹. Der
alte Wachturm wurde ab 1911 zum
Sommersitz des Milliardärs Juan March
(▶ S. 20), nach wie vor gehört er der
Familie. Der prächtige Garten ist im
Rahmen von Führungen zu besuchen
und im Juli an vier Terminen Schauplatz
für klassische Konzerte.
Karten im Tourismusbüro; www.fundacion
bmarch.es, Führungen Feb.–Nov., Anmeldung
T 689 02 73 53, 4,50 €

Exponierter Leuchtturm
Die schmale Straße Ma-4050 führt zum
weißen **Far de Capdepera,** der sich in
schwindelerregender Lage erhebt. Die

 # 14

Auf der grünen Route –
mit dem Rad die
Via Verda entlang

Stillgelegte Bahnstrecken verwandeln sich in ganz Spanien in Radwege. Die ›grünen Wege‹ wenden sich nicht an Straßenprofis, sondern an Genussradler. Ohne große Steigungen führt die 29 km lange Route zwischen Manacor und Artà durch Orangen- und Feigenplantagen, Ackerland und Macchie.

Liebevoll wurde der 4 m breite Radweg mit Infotafeln und kleinen Picknickarealen ausgestattet. Rechts und links reihen sich junge Bäume. Noch sind sie klein und schütter, in einigen Jahren werden sie sich zu einer schattigen Allee schließen. Die Trasse eignet sich auch für Spaziergänger, Jogger und Walker.

Zwischen 1921 und 1977 fuhr die Eisenbahn von Palma über Manacor hinaus bis nach Artà. Pläne, diesen Streckenabschnitt wieder in Betrieb zu nehmen, wurden zwischenzeitlich ad acta gelegt, jetzt aber wieder aus der Schublade herausgeholt. Bis auf Weiteres jedoch bleibt der Radweg erhalten. Wer mit der Bahn aus Palma kommt, ein Rad in Manacor mietet oder die Anfahrt etwa von Sa Coma oder Cala Millor, wo ebenfalls Drahtesel vermietet werden, nicht scheut, hat jede Menge Spaß auf der Via Verda.

Als der Església Nova in Son Servera 1931 nur noch die Glasfenster und das Dach fehlten, ging das Geld aus. Heute wird die beeindruckende Bauruine ganz profan als Freilichtbühne genutzt.

Durch den flachen Osten

Am umtriebigen Bahnhof von **Manacor** `1` (▸ S. 97) fängt alles an. Folgen Sie dem breiten Passeig del Ferrocarril bis zum Osten der Stadt. Kurz vor der Plaça Madrid beginnt die Via Verda, auf derem ersten Abschnitt hier so mancher Freizeitsportler aus Manacor trainiert. Durch liebliche Landschaft begleitet der Radweg zunächst in einigem Abstand die Landstraße Ma-15.

Diese müssen Sie überqueren, um die (ausgeschilderten) Ausgrabungen der frühchristlichen Basilika **Son Peretó** `2` zu besichtigen. Die einzige mallorquinische Fundstätte der Spätantike, unter byzantinischer Herrschaft gebaut, lohnt den kurzen Abstecher durchaus. Zu erkennen sind Taufstein und Taufbecken, dreischiffiger Kirchenraum sowie die Apsis mit dem Altar, außerdem der Friedhof nebenan.

Nächste Station nach einem Mirador und einem 59 m langen Tunnel ist **Sant Llorenç des Cardassar** `3` (Km 8). Der Ort mit dem komplizierten Namen liegt abseits der touristischen Routen. An der Fassade des picobello restaurierten Bahnhofs steht noch die alte kastilische Bezeichnung San Lorenzo. Er ist einer von mehreren Bahnhöfen entlang der Strecke, die einst vom selben Architekten im Jugendstil erbaut wurden. Ein paar Radfahrer flitzen vorbei: zwei junge Frauen mit Tourenrädern, ein älteres Paar, das es gemütlich angehen lässt, ein ambitionierter Mountainbiker.

Und nun wird es hügeliger

Um macchienbegrünte Berge zu umgehen, biegt die Trasse nach Südosten ab. In einer Halle neben dem kleinen Bahnhof **Son Carrió** `4` (Km 11,5) wird demnächst eine Ausstellung historischer Züge zu sehen sein. Wieder ein Richtungswechsel, es geht auf zunächst noch flacher Strecke – Meerblicke inklusive – nach **Son Servera** `5` (Km 19). **Cala Millor** `6` (▸ S. 99) mit mehreren Fahrradvermietungen ist nicht weit.

Entlang der Ma-4026 verläuft ein Radweg von Cala Millor nach Son Servera, wo Sie nach 5 km am östlichen Stadtrand auf den ehemaligen Bahnhof und die Via Verda treffen. Wenn Sie sich hier Richtung Norden wenden, erwarten Sie der

ÜBRIGENS

Die erste reine **Mountainbikeroute** Spaniens wurde 2016 in Sant Llorenç des Cardassar eröffnet, entworfen von der einheimischen Profifahrerin Marga Fullana, die im Verlauf ihrer Karriere drei Weltmeistertitel und bei der Olympiade in Sydney 2000 eine Bronzemedaille errang. Am Bahnhof erhält die Route Anschluss an die Via Verda (Infotafel mit Karte). Drei Varianten gibt es, die mit 39 km längste führt bis Sa Coma.

Wenn Sie eher dieser ambitionierte Rennradfahrertyp sind und asphaltierte Straßen bevorzugen, fühlen Sie sich vielleicht auf dem Naturweg der Via Verda fehl am Platz. Dort kommen Freizeitradler zum Zug.

mit 80 m längste Tunnel der Strecke und einige Steigungen. Schließlich ist dies ein Teil der Serra de Llevant, wenn auch ihr flachster.

Nach letztem kräftezehrenden Anstieg ist es geschafft. Der Jugendstilbahnhof von **Artà** 7 (Km 29, ► S. 103) erweist sich als repräsentativer als seine Gegenstücke in den vorherigen Orten der Route. Heute wird in dem Gebäude örtliches Kunsthandwerk der Marke d'Artà verkauft (Mo–Sa).

INFOS/ÖFFNUNGSZEITEN

Via Verda: www.viasverdes.com, www.trensfm.com
Anfahrt: Bahn von Palma nach Manacór, tagsüber ca. stdl., Fahrradtransport nicht in allen Zügen, www.tib.org.
Fahrradverleih: Ca'n Nadal 1 Manacor, Passeig Ferrocarril 61, www.bicicletasnadal.com; **Rent a Bike S'Abeurador** 2 Artà, Carrer Amadeo 2, T 644 36 26 64.
Son Peretó 2: nördlich Ma-15 bei Km 54, tagsüber geöffnet, Eintritt frei; Infotafeln auch auf Deutsch.

KULINARISCHES FÜR ZWISCHENDRIN

In Son Servera gibt es Getränke und Tapas auf der netten Außenterrasse der **Bar Nou** 1 bei der Kirche (Plaça de Sant Joan 6, T 971 56 75 38, Di–So, €). In Artà in Bahnhofsnähe ist man im bodenständigen Restaurant **S'Estació** 2, das viele einheimische Gäste empfängt (Av. Costa i Llobera 3, T 971 83 59 85, Do–Di, €), oder in der trendigen Cafeteria **Pas a Nivell** 3 in der ehemaligen Bahnhofswerkstatt gut aufgehoben (Carrer Major 6, T 971 83 68 54, tgl. geöffnet, So nur mittags, €).

Aussicht vom Kap ist wunderbar und es macht Laune, in der felsigen Umgebung herumzuklettern, etwa zur Ruine des etwas höher gelegenen, mittelalterlichen Wachturms **Torre Embucada.**

🏨 Stadthotel im Fincastil
Ses Rotges
Das 250 Jahre alte Herrenhaus wurde von der französischen Familie Tétard raffiniert in ein Petit Hotel verwandelt. Mit dunklen Möbeln eingerichtete Zimmer und Suiten. Der Clou ist das Restaurant (€€€) mit saisonaler Küche. Die Familie führt das edle Lokal seit Jahrzehnten, inzwischen in zweiter Generation.
Carrer Rafael Blanes 21, T 971 56 31 08, www.sesrotges.com, €

🏨 An der gleichnamigen Bucht
Cala Gat
Der überschaubar große Vier-Sterne-Klassiker im mallorquinischen Stil punktet mit der ruhigen Lage zwischen Strand und stillem Kiefernwäldchen. Für entspannte Ferien und dennoch in bequemer Fußgängerentfernung vom Ortszentrum.
Ctra. del Faro (Ma-4050), T 971 56 31 66, www.hotelcalagat.com, €

🍴 Die Lage ist genial
Royal
Unverstellten Hafenblick bietet die großzügige Terrasse. Die Küche holt sich Ideen aus aller Welt, für jeden ist etwas dabei, nett präsentiert. Abends oft Livemusik, etwa Saxophon. Um einen Wunschplatz zu erhalten, empfiehlt sich Reservierung.
Carrer Leonor Servera 74, T 971 81 82 22, www.facebook.com/rteroyal, tgl. geöffnet, €€

☼ Hotspots für Nachtschwärmer
Die Promenade an der **Platja de Son Moll** wird an lauen Sommerabenden zur Flaniermeile. Später verlagert sich das Geschehen in die Lokale rund um den Hauptplatz **Plaça dels Pins.**

❶ Infos
O.I.T. Cala Rajada: Plaça dels Pins, T 971 81 88 54, www.ajcapdepera.net.

....
IN DER UMGEBUNG

Früher wogte hier Zuckerrohr
Kein wirklich aufregender Ort, dafür aber Garant für einen beschaulichen Badeaufenthalt. Der dunkelsandige Strand von **Canyamel** (🗺 K 4) zieht kaum Tagesausflügler an, die Gäste der Ferienhäuser und der wenigen Hotels haben ihn praktisch für sich.

🏨 Romantik mit Komfort
Melbeach
Die Lage des kleinen Hotels zwischen Strand, Palmen und Pinien ist exklusiv. 32 avantgardistisch eingerichtete Zimmer, alle mit Balkon. Hier hört man nur das Meer rauschen. Relaxt wird im Spa. Adults only.
Carrer Costa i Llobera, T 971 56 40 00, www.hotelmelbeach.com, €€€

🍴 Der rustikale Tipp
Porxada de Sa Torre
In der alten Ölmühle beim Turm sitzen die Gäste an langen Holztischen und schauen beim Grillen zu. Oder sie chillen draußen auf der zeitgemäß gestalteten Lounge-Terrasse. Fast schon obligatorisch ist hier Spanferkel vom Spieß.
Torre de Canyamel, T 971 84 11 34, www.torredecanyamel.com, Di–So, So nur mittags, €€€

Artà 🗺 J 3/4

Die Altstadt schmiegt sich an einen Burgberg. Ihre Ursprünglichkeit blieb bewahrt. Trutzige Paläste und Bürgerhäuser säumen die engen Gassen. Demgegenüber ist der Carrer de Ciutat im neueren Stadtteil breit und teilweise Fußgängerzone. Hier spielt sich das öffentliche Leben ab, Cafés stellen ihre Tische und Stühle ins Freie.

Weite Ansichten von oben
Schon vom Platz vor der wuchtigen **Església Transfiguració del Senyor** schweift der Blick über Artà. Noch

*Knorrige alte Ölbäume erleiden schon einmal einen Sturmschaden.
Doch sie sind unverwüstlich und treiben immer wieder aus.*

ein wenig höher thront die **Burg** mit dem **Santuari de Sant Salvador.** Eine breite, von Zypressen flankierte Freitreppe führt von der Kirche zu dem Wallfahrtsheiligtum hinauf. Es wurde im 19. Jh. errichtet, nachdem die Behörden den Vorgängerbau aus hygienischen Gründen abgefackelt hatten. Dieser hatte nämlich während einer Beulenpestepidemie als Lazarett gedient. Vom Wehrgang des Kastells ist der Panoramablick am besten. Immer wieder suchten die Bewohner von Artà Zuflucht in der nahezu uneinnehmbaren Burg.

Talayots im Steineichenwald

Ein steiniger Rundweg erschließt die prähistorische Stätte **Ses Païsses.** Beeindruckend die breite Zyklopenmauer aus riesigen Steinblöcken, die ohne Mörtel fest aufeinander ruhen. Bis zu 5 m dick ist die Wehrmauer, die Steinquader sind bis zu 8 t schwer. Ein mächtiger, kegelstumpfförmiger Talayot, vielleicht einst Beobachtungsturm oder auch eine Art Königspalast, bildete den Mittelpunkt der Siedlung. Drumherum lebten rund 300 Menschen in kleinen, eng verschachtelten Häusern. Dies alles wurde etwa zwischen 1300 und 800 v. Chr. errichtet. Kurz nach Ankunft der Römer verließen die Bewohner ihr Dorf. Cami de sa Corballa, Nov.–März Mo–Sa 10–14, April–Okt. Mo–Fr 10–17, Sa 10–14 Uhr, 2 €

⌂ Intimes Hotel in Stadtpalast
Ca'n Moragues

Nur acht Zimmer hat das immerhin mit vier Sternen dekorierte Haus. Hinten schließt ein hübscher Garten an, perfekt zum Chillen. Pool und Sauna gibt es auch. Carrer Port Nou 12, T 971 82 95 09, www. canmoragues.com, €

🍴 Mit romantischem Gartenhof
Café Parisien

Dienstags zum Markt geht es umtriebig zu. An anderen Tagen eine hippe Oase mitten in der Stadt. Dem Namen zum Trotz wird hier nicht nur Kaffee getrunken, sondern wahlweise auch gegessen, etwa Nudelgerichte oder Salate.

Carrer de Ciutat 18, T 971 83 54 40, Mo–Sa
10–23 Uhr, €

❶ Infos und Termine
O.I.T. Artà: Av. Costa i Llobera (alter
Bahnhof), T 971 83 69 81, www.
artamallorca.travel.
Setmana Santa: Karwoche. Mysti-
sche Prozession am Gründonnerstag
mit dumpfen Trommelschlägen. Am
Karfreitag wird auf dem Burgberg die
Kreuzabnahme Christi nachgespielt.

In der Umgebung

Wilde Strände im Norden
Unberührte Naturstrände säumen die
Küste nördlich von Artà. Ein holpriger
Fahrweg führt zur **Cala Torta** (🗺 K 3).
Hier öffnet im Sommer ein Strandlokal.
Auch die Nachbarbucht **Cala Mitjana**
ist mehr schlecht als recht per Auto zu
erreichen. Entsprechend beliebt, wenn
auch selten überfüllt, sind beide Strände. Ein schmaler Küstenpfad erschließt
die benachbarten **Cala Estreta,** eine
schmale Felsbucht für Schnorchler, und
die einsame, kiesige **Cala Matzoc**
(45 Min. ab Cala Torta).

Viel Landschaft im Naturpark
Das menschenleere Gebirge im Nordosten
wurde als **Parc Natural de la Penínsu-
la de Llevant** (🗺 J/K 3) ausgewiesen.
Mehrere Wanderwege durch einsame,
karge Ecken starten am ehemaligen
Bauernhof **S'Alqueria Vella.** Sie lassen
sich zu unterschiedlich langen Touren
kombinieren, alle sind eher mittelschwer.
Auch Mallorcas zweiter Fernwanderweg,
der GR 222, streift das Gebiet. Eine Tafel
am Parkplatz und das **Naturpark-Be-
sucherzentrum** im Bauernhaus (www.
balearsnatura.com, tgl. 9–16 Uhr) geben
Auskunft über Details.

Wildromantische Einsiedelei
In ein einsames Hochtal duckt sich die
Ermita de Betlem (🗺 J 3), umgeben
von Zypressen, Olivenhainen und
stiller Felslandschaft. Zwar ist sie nicht
bewirtschaftet und die letzten Mönche
zogen sich 2010 aus Altersgründen

zurück, aber die einzigartige Lage
und der Blick vom Mirador hinter der
Kirche lohnen den Weg. Ein kurzer
Fußweg (5 Min.) führt vom Parkplatz zur (ausgeschilderten) Font de
s'Ermita. Im Schatten riesiger Platanen
stehen Steinbänke um die Quelle he-
rum. Eine Grotte birgt die Figur einer
Madonna, die von der hl. Bernadette
angebetet wird.

Ein Ort wie ein Schachbrett
Vor Jahren noch Geheimtipp, ist der
abgeschiedene Küstenort **Colònia
de Sant Pere** (🗺 J 3) jetzt bei
Individualreisenden ›in‹. Eine moderne
Meerespromenade mit schicken Lokalen
verbindet Hafen und Strand. Erst 1880
wurde Colònia de Sant Pere gegründet,
planmäßig, wie anhand der rasterförmi-
gen Straßenzüge unschwer zu erkennen
ist. Ein Versuch der damaligen Regierung, Platz für die rasant wachsende
Inselbevölkerung zu schaffen. Doch erst
vor wenigen Jahrzehnten bildete sich
ein geschlossenes Dorf.

🍴 Besonders schön zum Sonnenuntergang
Sa Xarxa
Die Terrasse unmittelbar am Meer und
die Qualität des Gebotenen, etwa fangfrischer Fisch, machen die etwas höheren
Preise locker wett. Um in der ersten Reihe
zu sitzen, unbedingt reservieren!
Passeig del Mar s/n, T 971 58 92 51,
www.sa-xarxa.com, Di–So 18–23 Uhr, €€€

Eine idyllische Bucht
In einer verschwiegenen Ecke hinter
Colònia de Sant Pere liegt **Es Caló**
(🗺 J 3) – nur zu Fuß (1 Std. ab
Urbanització Sant Pere), mit dem
Fahrrad oder per Boot zu erreichen.
Die kleine Hafenmole und eine
restaurierte Baracke erinnern an die
Carabiners (Grenzpolizisten), die bis
vor wenigen Jahrzehnten von hier aus
den Schmuggel an der unzugänglichen
Küste am Cap de Ferrutx kontrollieren
wollten. Heute liegen hier ein paar
Sportfischerboote. In der Nähe finden
Sie ruhige Badeplätze.

15

Für Burgenfans – hinauf zur Festung von Capdepera

Dieses Kastell zeigt, was eine richtige Burg ist. Zinnengekrönte Mauern, ein schwindelerregender Wehrgang, Burgkapelle mit Glockenturm und großartige Panoramasicht sind die Markenzeichen der mittelalterlichen Verteidigungsanlage, der größten Mallorcas.

Das ruhige Landstädtchen Capdepera wird von seinem wuchtigen Kastell beherrscht. Eine fotogene Treppengasse führt von der zentralen Plaça de l'Orient hinauf zur Burg. Über deren Eingangstor beim **Wachturm Sa Baira** `1` schwebt eine Pechnase. Im Angriffsfall schütteten die Verteidiger hier schwere Steine, siedendes Wasser und geschmolzenes Pech herunter.

Keck reckt die Burgkapelle ihren Glockengiebel über die Mauerzinnen hinaus.

Hinein in den Festungshof

Dahinter im Gewölbe versteckt sich das Kassenhäuschen. Dann führen Gassen mit blankgefegtem Kalksteinpflaster aufwärts. Dazwischen standen früher bis zu 125 Häuser, in denen zwischenzeitlich ein Großteil der Einwohner von Capdepera lebte. Gut vorstellbar, wie auch der Rest bei Gefahr mitsamt dem Vieh in das Wehrdorf flüchtete. Dies war nicht selten der Fall, denn Piratenüberfälle drohten über Jahrhunderte hinweg.

Wenig ist von den Behausungen geblieben, 1854 wurden sie endgültig verlassen. Nackter Fels guckt hervor, auf dem sich Mauern und Türme gründen. Schmale Schießscharten in der äußeren Wehrmauer, durch die Bogenschützen zielen konnten, eröffnen heute Blicke auf die Serra de Llevant oder über Cala Rajada hinweg zum Meer. Die strategische Lage des 159 m hohen Hügels veranlasste König Jaume II. um 1300 zum Bau der Festung. Er wollte die Meerenge zwischen Mallorca und Menorca kontrollieren. Schon wenige Jahre später drohte Capdepera Opfer eines Angriffs zu werden. Doch der Legen-

H
HANDWERK

Zum Wochenmarkt am Mittwoch führen kundige Frauen in der Burg das alte Handwerk der **Palmflechterei** vor, ehemals ein wichtiger Erwerbszweig in Capdepera. Aus den spitzen Blättern der Zwergpalme, die einen umständlichen Vorbereitungsprozess durchlaufen, entstehen schließlich Taschen, Körbe und Hüte.

de nach geschah ein Wunder: Dichter Nebel zog auf und vertrieb die Eindringlinge.

Ganz weit oben

Jahrhundertelang oblag der Schutz der Burg ihren zivilen Bewohnern. Erst im 18. Jh. bekam sie eine militärische Besatzung. Der Festungskommandant baute sich die schmucklose **Casa del Governador** 2, die nach wie vor auf hohen Mauern inmitten des Festungshofes thront. Eine ständige Ausstellung gibt hier Einblicke in die noch heute gepflegte Kunst der Palmflechterei *(llata)*.

Nach oben laufen die Wehrgänge spitz zusammen. Dort teilen sich der runde **Torre d'en Miquel Nunes** 3, schon die Mauren errichteten diesen Turm, und die **Capella de la Esperança** 4 (17./18. Jh.) mit ihrem doppelten Glockengiebel den höchsten Punkt des Hügels. Manchmal finden hier kleine Konzerte statt (Termine an der Kasse). Die **Zisterne** 5 nebenan fing Regenwasser auf, mit dem die Burgbewohner in Belagerungszeiten auskommen mussten.

Wer mag, steigt der Kapelle aufs Dach und entlockt den Bronzeglocken einen scheppernden Ton. Ansonsten genießen Sie einfach den wunderbaren Ausblick, bevor es wieder ans Hinabsteigen geht.

INFOS/ÖFFNUNGSZEITEN

Castell de Capdepera: www.capdeperacastell. com, tgl. ab 10 Uhr, Schließung je nach Jahreszeit 17, 19 oder 22 Uhr, Jan.–Anf.Feb. geschl., 3 €

KULINARISCHES FÜR ZWISCHENDRIN

An der Plaça de l'Orient hat das aufgepeppte Traditionslokal **Café L'Orient** 1 sein gediegenes Interieur von einst bewahrt und glänzt durch zeitgemäße spanische Küche (T 971 56 30 98, www.cafelorient.com, tgl. 8.45–24 Uhr, €€).

Castel de Capdepera

Faltplan: K 3 | **Parken:** ausgeschilderter Parkplatz nahe Plaça de l'Orient

Hin & weg

Mit dem Flugzeug
Der **Aeropuerto de Palma de Mallorca (PMI)** liegt östlich der Hauptstadt bei Can Pastilla (⛫ D 5). Die meisten Ferienfluggesellschaften steuern die Insel von verschiedenen Flughäfen in Deutschland, Österreich und der Schweiz mehrmals täglich an. Die Preise liegen bei 100 bis 900 € für Hin- und Rückflug. Am günstigsten sind die Basic-Tarife (nur Handgepäck, keine Bordverpflegung, keine Sitzplatzwahl). Teurer wird es, wenn man z. B. einen Koffer mitnimmt und/oder in der Hauptsaison fliegt.
Flughafeninfo: www.aena.es

Mit Pkw und Schiff
Tägliche Autofähren der Gesellschaften Trasmediterránea (www.trasmediterranea.es) und Baleària (www.balearia.com) ab Barcelona nach Palma sowie nach Port d'Alcúdia. Dauer der Überfahrt 7–8 Std. bzw. 6,5 Std. Bei einer Anreise mit dem eigenen Fahrzeug müssen für zwei Personen inkl. Autobahngebühren in Frankreich und Spanien ca. 1000 € kalkuliert werden.

Einreisebestimmungen
Für Reisende aus den Schengen-Staaten (z. B. Deutschland, Österreich, Schweiz) entfallen die Passkontrollen. Dennoch müssen Reisepass oder Ausweis mitgeführt werden, da diese Dokumente bei den Fluggesellschaften, beim Anmieten eines Fahrzeugs und beim Einchecken in der Unterkunft vorzulegen sind. Zu den aktuell geltenden Corona-Reisebestimmungen s. www.auswaertiges-amt.de. EU-Bürger und Schweizer, die länger als drei Monate auf Mallorca bleiben möchten, müssen einen Wohnsitz nachweisen.

Zollbestimmungen
Innerhalb der EU dürfen Waren zum persönlichen Gebrauch unbeschränkt mitgeführt werden. In der Praxis akzeptiert der Zoll 3200 Zigaretten, 400 Zigarillos, 200 Zigarren oder 3 kg Tabak, 10 l Spirituosen, 20 l weinhaltige Getränke, 90 l Wein oder 110 l Bier.
Für die Schweiz gelten die internationalen Freigrenzen: 200 Zigaretten, 100 Zigarillos, 50 Zigarren oder 250 g Tabak, sowie 2 l Tafelwein, und 1 l alkoholische Getränke über 22 Vol.-%, 500 g Kaffee und 60 ml Parfüm oder 250 ml Eau de Toilette. Geschenke sind bis zu 300 CHF zollfrei.

VOM FLUGHAFEN ZUM FERIENORT

Im Ankunftsterminal unterhalten zahlreiche **Mietwagenfirmen** Büros. Autovermieter ohne Büro am Flughafen erwarten Kunden, die einen Wagen reserviert haben, im Ankunftsbereich oder mit einem Shuttlebus am Parkplatz vor dem Terminal.
Busse der Linie 1 der Stadtbusgesellschaft EMT (www.emtpalma.es) fahren ca. alle 15 Min. nach Palma. Haltestellen befinden sich auf Ebene 0 (Ankunftsbereich) und Ebene 2 (Abflug). An die Platja de Palma fährt Linie 21 ca. alle 15–30 Min. Fahrpreis je 5 €.
Mit dem **Taxi** erreichen Sie das Stadtzentrum in ca. 15 Min. (ca. 10 km). Mehr als 20 € sollte die Fahrt nicht kosten.

Oficina de Turismo de Mallorca
Plaça de la Reina 2
07012 Palma
T 00 34 971 17 39 90
www.infomallorca.net,
www.visitpalma.cat
Zentrale Touristeninformation in Palma.

INFOS IM NETZ

www.palma.cat: Offizieller Netz-auftritt der Hauptstadt, umfangreiche aktuelle Infos (mehrsprachig).
www.illesbalears.es: Seite des balearischen Instituts für Tourismus, zu allen Themen der Inseln.
www.infomallorca.net: Offizielle Seite des Inselrates mit Informationen für Besucher und Bewohner (mehrsprachig).
www.mallorcamagazin.com: Seite einer der deutschsprachigen Wochenzeitungen der Insel mit zahlreichen aktuellen Themen zu Politik, Zeitgeschehen, Nachrichten, Ausflugstipps etc.
www.mallorcazeitung.es: Eine weitere deutschsprachige Zeitung für Mallorca, die ebenfalls gut recherchierte Informationen zu verschiedensten Inselthemen bietet.

Wer sich gleich nach der Ankunft informieren möchte, kann das im **Infobüro am Flughafen** im Ankunftsbereich tun. Zudem gibt es in jedem größeren touristisch interessanten Ort ein Informationsbüro.

KLIMA UND REISEZEIT

Das Klima auf Mallorca ist gemäßigt sommertrocken. Die meisten Niederschläge fallen zwischen Oktober und März. Juli/August sind die heißesten Monate mit Tagestemperaturen von meist über 30 °C. Im Winter kann es dagegen ziemlich kalt werden. In höheren Lagen sind dann Temperaturen um den Gefrierpunkt und Schneefälle möglich. Die Wintermonate eignen sich für Wanderungen. Trübster Monat ist der November. Dafür sind Sie an vielen Stellen der Insel fast allein und die Preise für Flug und Unterkunft sind günstig. Um die Weihnachtszeit, wenn die Tage meist klar und sonnig sind, belebt sich Mallorca dann schon wieder, wobei ein Höhepunkt im Februar zur Mandelblüte erreicht wird. Auch zu Ostern ist einiges los. Im Mai beginnt die Badesaison, die bis in den Oktober reicht. Dann füllt sich die Insel so richtig mit Touristen. Mit hohem Verkehrsaufkommen, auch in abgelegenen, landschaftlich reizvollen Inselteilen, ist in dieser Zeit zu rechnen.

REISEN MIT HANDICAP

Informationen erteilt der Bundesverband Selbsthilfe Körperbehinderter e. V. (www.bsk-ev.org). Der zugehörige Reiseveranstalter BSK-Reisen GmbH (www.bsk-reisen.org) bietet Gruppen- und Individualreisen an. Weitere Angebote unter www.behindertengerechte-reisen.com und www.runa-reisen.de.

SICHERHEIT UND NOTFÄLLE

Mallorca gilt als vergleichsweise sicheres Reiseziel. Wertsachen sind dennoch am besten im Hotelsafe aufgehoben. Mit Taschendieben ist auf touristischen Märkten, etwa in Andratx oder Inca und im Gedränge belebter Ferienorte zu rechnen. Autos sollten immer aufgeräumt und leer sein, dies gilt auch für den Kofferraum. Selbst an belebten Parkplätzen kommt es zu Aufbrüchen.
Die sogenannten ›**Nelkenfrauen**‹ bieten Passanten Blumen und Blüten, mehr oder weniger aufdringlich, zum Kauf an und versuchen ganz nebenbei an Wertsachen zu kommen. Schon seit Jahrzehnten wird die Polizei dieser Masche nicht Herr. Betroffen sind insbesondere das Umfeld der Kathedrale von Palma sowie die Promenaden verschiedener Ferienorte, etwa die Platja de Palma.

Notrufnummer für Polizei, Krankenwagen und Feuerwehr: Tel. 112
Sperrung von deutschen Kredit- und Bankkarten: Tel. 00 49 116 116
Eine Liste der beteiligten Medien findet sich unter www.sperr-notruf.de. Im Falle schweizerischer und österreichischer Karten ist die jeweilige Sperrnummer

auf der Karte vermerkt oder vom Bankinstitut zu erfragen.

Beim **Verlust der Ausweispapiere** hilft die zuständige diplomatische Vertretung:

Deutsches Konsulat: Palma, Carrer Porto Pi 8 (Edif. Reina Constanza 3), T 971 70 77 37, www.palma.diplo.de.

Österreichisches Honorarkonsulat: Palma, Avinguda Jaume III 29, T 971 42 51 46, consuladoaustriapalma@ mmmm.es.

Schweizer Generalkonsulat: Barcelona, Gran Via de Carlos II 94, T 934 09 06 50, www.eda.admin.ch.

SPORT & AKTIVITÄTEN

Ballonfahrten
Mit dem Heißluftballon über Mallorca zu schweben macht Mallorca Balloons möglich (www.mallorcaballoons.com). Gestartet wird meist am Globodromo (Ballonhafen) bei Manacor. Buchung online.

Golfen
Mallorca ist ein Eldorado für Golfer. Auf 21 Plätzen sind Greenfee-Gäste willkommen. Weitere Infos unter www. golf-mallorca.com.

Klettern und Canyoning
Geklettert wird vorwiegend an den Hängen des Castell d'Alaró, in der Schlucht von Sa Cova bei Bunyola und an einigen Felsküsten bei Sóller. Wenn ab dem Herbst der Regen kommt, füllen sich die Schluchten in der Serra de Tramuntana. Mit guter Ausrüstung und geschulten Führern sind sie dann ein besonderes Erlebnis für Canyoning-Erfahrene. Ein umfangreiches Programm für beide Extremsportarten bietet Món d'Aventura in Pollença (https://mondaventura.com). Auch Coasteering und Caving (Höhlenwandern) sind im Angebot.

Nordic Walking
Auf der Halbinsel Victòria bei Alcúdia wurde ein Nordic Walking-Park eingerichtet. Drei markierte Routen stehen zur Auswahl: Ruta des Barcarés (leicht, knapp 6 km), Ruta de la Victòria (mittelschwer, 6 km, recht unebener Untergrund, Orientierung erschwert) und Ruta des Coll Baix (anspruchsvoll, 14 km, breite Wege). Die jeweiligen Einstiege sind ausgeschildert, eine Infotafel an der Straße zur Ermita de la Victòria (an der Brücke über den Torrent Ses Fontanelles) zeigt Ausgangspunkte und Verlauf. Karte auch unter https://majorcainfo.com/nordic-walking-in-alcudia/. Außerdem eignen sich viele Wanderwege und Strandpromenaden für das Nordic Walking.

Radfahren
Gemütlich flach, sanft gewellt oder sportlich gebirgig, Mallorca ist die Radfahrdestination schlechthin. Europas Radelite trainiert regelmäßig auf der Insel. Auch wer keine professionellen Ambitionen hat, kommt hier auf seine Kosten. Besonders Alcúdia im Nordosten der Insel ist ein gutes Basislager für Touren aller Schwierigkeitsgrade. Unangefochtener Radsportguru ist der ehemalige Schweizer Profi Max Hürzeler. Sein Unternehmen Bicycle Holidays (www.huerzeler.com) verfügt über 12 Standorte auf Mallorca. Wer Genussradeln möchte, findet in jedem größeren Ferienort Verleiher. Beschilderte Routen auf verkehrsarmen Nebenstrecken gibt es zwischen der Serra de Tramuntana und der Ebene Es Pla, bei Cala Millor und zwischen Campos und Colònia de Sant Jordi. Schöne Reviere sind auch die flachen Landschaften hinter den Buchten von Pollença und Alcúdia. Völlig autofrei radeln Sie auf der stillgelegten Bahnstrecke Via Verda zwischen Manacor und Artà (▶ S. 100). Eine gute Zusammenstellung von Touren und Anbietern von Mieträdern findet sich unter www.rad-mallorca.de.

Helmpflicht: In Spanien besteht außerhalb der Ortschaften für Radfahrer Helmpflicht. Ausnahmen für starke Steigungen oder große Hitze wurden per Gesetz abgeschafft. Für Personen unter 16 Jahren gilt die Helmpflicht auch innerorts. Kindertransport im Anhänger ist nicht erlaubt. Bei Nacht und bei schlechter Sicht ist reflektierende Kleidung vorgeschrieben.

Mallorca ist ein Paradies für Radfahrer. Vielerorts wurden Radwege angelegt, und auch im Stadtzentrum von Palma sind sie nicht zu übersehen.

Reiten

In fast allen Ferienorten gibt es Reitställe (Rancho, Club Hípic), die auch geführte Ausritte anbieten. Ohne ortskundige Begleitung dürfte es auf Mallorca schwierig werden, geeignete Reitwege zu finden. Zu oft trifft man auf privates Gelände, das nicht betreten werden darf. Spezialisiert auf Reiterferien hat sich das Landhotel Predio Son Serra zwischen Muro und der Bucht von Alcúdia (www.finca-son-serra.com). Die Reitschule Son Menut bei Felanitx (www.sonmenut.com) erteilt Unterricht, veranstaltet ein- oder zweistündige Ausritte und verleiht andalusische Hengste an erfahrene Reiter.

Tennis

Wer einfach nur einmal das Racket schwingen möchte, hat dazu in vielen Hotelanlagen Gelegenheit (gegen Gebühr oft auch für nicht dort wohnende Gäste). Die ganzjährig geöffnete Tennis Academy Mallorca (www.tennisacademymallorca.com) in Peguera verfügt neben 15 Plätzen mit Flutlicht auch über einen großzügigen Pool, Fitnessbereich, Restaurant und Pro Shop. Hier trainierten schon Profispieler wie Steffi Graf oder Boris Becker. Mit der Rafa Nadal Academy hat Mallorcas Tennisstar in seiner Heimatstadt Manacor ein Hochleistungs-Trainingszentrum geschaffen (www.rafanadalacademy.com).

Wandern

Intensiv zu Fuß erleben lässt sich Mallorca auf dem Fernwanderweg GR 221 von Port d'Andratx bis nach Pollença. Auf ca. 150 km durchquert er in neun alpinen Etappen die Serra de Tramuntana. Ausführliche Infos finden sich unter www.camins-mallorca.info. Im Reiseteil dieses Buches sind einige Wanderungen in den landschaftlich reizvollen Winkeln der Insel beschrieben.

Feste Wanderstiefel empfehlen sich immer. Im Winter und bei Wanderungen im Gebirge sollten Regenschutz und eine wärmende Windjacke im Gepäck sein. Das Wegenetz wird ständig erweitert und markiert. Da sich die mallorquinischen Berge großenteils in Privatbesitz befinden und es kein allgemeines Wegerecht gibt, treffen Sie vielerorts auf verschlossene Tore und Zäune. Es gilt sich daher gründlich zu informieren, welche Wege für Wanderer geöffnet sind.

Wassersport

Tauchern zeigt sich eine reiche Unterwasserfauna an der Südwestküste und im Bereich der Halbinsel Formentor. Zahlreiche Tauchbasen, die auch auf Anfänger eingestellt sind, finden sich an den *cales*, den Buchten der Südostküste (Cala Rajada, Cala d'Or). In Palma gibt es für Notfälle eine Dekompressionskammer.

Zum Windsurfen sind die Buchten von Pollença und Alcúdia ideal. Eigentlich wird aber an jedem größeren Strand gesurft, wo im Sommer überall Verleihstationen öffnen, die oft auch Kurse anbieten. Häufig vermieten die Surfbasen auch Katamarane, Jollen und SUP-Boards.

Mit dem Seekajak lassen sich Klippen und Buchten erkunden. Mietstationen, die auch geführte Touren anbieten, gibt es etwa in Santa Ponça (www.zoea mallorca.com), Sóller (www.tramuntana tours.com), Port de Pollença (www.kayakmallorca.com) oder Cala Figuera (www.redstartours.com).

Wellness

Einige Spas der Luxushotels stehen auch Tagesgästen offen, etwa das Spa im Marriott's Club Son Antem in Llucmajor (www.marriott.com), das Lindner Spa im gleichnamigen Golf Resort in Portals Nous (www.lindner.de), das Spa des Steigenberger Resorts in Camp de Mar (www.hotel-campdemar.com), das O Spa in Port Adriano (www.puresaltluxuryho tels.com) oder das Spa des Gran Hotel Sóller (www.granhotelsoller.com). Die Tageseintritte variieren zwischen 20 und 60 €, wobei Handtücher und Bademäntel meist eingeschlossen sind. Hinzu kommen eventuelle Gebühren für Anwendungen. Ganz im Zeichen von Wellness steht Biomar (www.proturbiomarspa. com, bei Redaktionsschluss vorübergehend geschl.) bei Cala Millor. Die einzigen natürlichen Thermalquellen Mallorcas befinden sich bei Colònia de Sant Jordi. Dort können Sie sich im Fontsanta Hotel (www.fontsantahotel. com) während der Badesaion (ca. Ende Feb.–Anf. Nov.) Bäder und Relaxprogramme gönnen.

TRINKWASSER

Das Leitungswasser wird chemisch behandelt und enthält oft relativ viel Salz. Lieber Tafelwasser im Geschäft kaufen, das auch günstig in Riesenflaschen (5 oder 7 l) angeboten wird.

ÜBERNACHTEN

In den Veranstalterkatalogen sind die großen Ferienhotels und individuellere Unterkünfte des oberen Preissegments aufgeführt. Einfache und idyllische Übernachtungsadressen und Ferienhäuser von privaten Vermietern finden sich meist auf Buchungsplattformen ohne Veranstalterbindung (www.booking. com, www.airbnb.de u. a.). Spezialisiert auf Fincaurlaub auf Mallorca hat sich beispielsweise Steiner Fincas & Villen. Unter www.steinerferien.de findet sich eine große Auswahl an individuellen Unterkünften.

ÜBERNACHTUNGSPREISE

€   bis 100 Euro
€€   100 bis 175 Euro
€€€ über 175 Euro
Preise für ein Doppelzimmer mit Frühstück

VERKEHRSMITTEL

Mietfahrzeug

Beim Anmieten eines Fahrzeugs reicht der nationale Führerschein. Oft wird ein Mindestalter von 23 Jahren vom Fahrer verlangt oder jüngere Fahrer müssen eine Extra-Gebühr entrichten. Auch ein Höchstalter (zwischen 74 und 78 Jahren) wird von manchen Vermietungsfirmen festgesetzt, bei anderen werden dann höhere Kosten fällig. Auf den Autobahnen wird keine Maut verlangt. Auch die Maut in dem früher gebührenpflichtigen Tunnel nach Sóller ist inzwischen entfallen. Bis auf unzählige Kreisverkehre gibt es keine Besonderheiten auf Mallorca. Der Autoverkehr ist vergleichsweise diszipliniert. Es empfiehlt sich dennoch eine defensive Fahrweise. Auf schmalen, unübersichtlichen Landstraßen sollten Sie immer auf Radfahrer gefasst sein. Diese fahren oft in Kolonnen und nebeneinander. Beim Überholen von

Radfahrern ist ein Sicherheitsabstand von 2 m einzuhalten.

Verkehrsregeln: Höchstgeschwindigkeiten sind in Ortschaften 50 km/h, auf Landstraßen 90 km/h und auf Autobahnen 120 km/h. Oft ist die Geschwindigkeit durch entsprechende Beschilderung weiter eingeschränkt. Die Promillegrenze liegt bei 0,5. Hat der Fahrer den Führerschein weniger als drei Jahre, gelten 0,3 Promille. Befindet sich in Ortschaften am Straßenrand eine blaue Linie oder Farbmarkierung, ist Parken erlaubt, aber gebührenpflichtig. In Palma kann die Parkgebühr auch per Smartphone bezahlt werden (weitere Infos unter www.mobipalma.mobi). Bei einer gelben Linie ist das Parken verboten.

Unfall oder Panne: In beiden Fällen sind zwei Warndreiecke aufzustellen: eines vor dem Fahrzeug, das andere dahinter. Personen, die das Fahrzeug verlassen, müssen eine Warnweste tragen. Rufen Sie bei Unfall oder Panne stets die Mietwagenfirma an, die Telefonnummer sollte im Vertrag oder in den Unterlagen stehen. Im Falle eines Unfalls müssen Sie immer die Polizei informieren.

Bus und Bahn

Das öffentliche Verkehrsnetz ist dicht. Als Verkehrsknotenpunkt dient die zentrale Plaça d'Espanya in Palma mit der Estació Intermodal, einem unterirdischen Bahnhof für Züge und Überlandbusse. Die Bahnlinien nach Inca, Manacor und Sa Pobla sind ebenso wie

---

NOSTALGISCH UNTERWEGS

Eine Besonderheit ist der **Ferrocarril de Sóller.** Die Holzwaggons der historischen Bahn verkehren schon seit 1912 zwischen Palma und Sóller (einfache Fahrt 25 €, 4 x tgl., Fahrzeit ca. 50 Min., www.trendesoller.com). Ihr nostalgischer Jugendstilbahnhof befindet sich in Palma an der Plaça d'Espanya.

---

die Überlandbusse verschiedener Firmen in der Dachgesellschaft TIB zusammengeschlossen (www.tib.org). Zur Plaça d'Espanya fährt auch der Flughafenbus (Linie A1 der Stadtbusgesellschaft EMT, www.emtpalma.cat). Außerdem halten dort fast alle weiteren Stadtbuslinien. Bus und Bahn bieten sich an, um Palma von außerhalb zu besuchen und damit den dichten Stadtverkehr und das Parkplatzproblem zu vermeiden.

Taxi

Für Überlandfahrten gelten Kilometerpreise: ca. 1,10 €/km tagsüber an Werktagen, 1,26 €/km nachts und am Wochenende ab Samstag 14 Uhr. Bei Fahrten zu abgelegenen Zielen muss die Rückfahrt ebenfalls bezahlt werden. Für Hafen- und Flughafenfahrten kommt ein Zuschlag von 2,93 € hinzu. Flughafentransfers haben zudem einen Mindestpreis von 13,28 €, egal wie nah das Ziel ist. Innerorts liegt der Kilometerpreis bei 0,93 € (werktags, tagsüber) bzw. 1,10 € (abends, nachts und am Wochenende ab Samstag 14 Uhr). Der Mindestpreis beträgt 3 € (werktags, tagsüber) bzw. 4 € (nachts und am Wochenende). Bei Abholung z. B. am Hotel ist ein Zuschlag von 1,10 € zu bezahlen. Aktuelle offizielle Preise unter www.radiotaxiciutat.com (nur Spanisch und Katalanisch).

Fähre und Flugzeug

Die Nachbarinseln Ibiza und Menorca sind durch mehrere Fährlinien mit Mallorca verbunden. Von Palma verkehren meist mehrmals täglich Autofähren der Gesellschaften Acciona Trasmediterránea (www.trasmediterranea.es) und Balearia (www.balearia.com) nach Eivissa (Ibiza) und Maó (Menorca), Fahrzeit 3,5–4 bzw. 6 Std. In Port d'Alcúdia starten bis zu drei Autofähren pro Tag der Balearia nach Ciutadella (Menorca), Fahrzeit 1,5–2,5 Std. Ibiza und Menorca werden zudem ab Palma von Air Nostrum (www.airnostrum.es), einer Tochtergesellschaft von Iberia, angeflogen. Die Flugzeit beträgt jeweils ca. 30 Min.

O-Ton Mallorca

per favor

bitte

gràcies

danke

BON DIA

guten Tag
(Kastilisch: ›buenos dias‹)

adéu

tschüss

*a cavall regalat,
no li miris el dentat*

Einem geschenkten Gaul schaut man
nicht ins Maul

DÉU N'HI DO!

wörtl.: Gott gäbe es ihm!
Wow! Nicht schlecht!

S'ha acabat el bròquil!

wörtl.: Der Broccoli
ist aus!
Jetzt reicht's!

Fer-ne cinc cèntims.

Quatre gats

wörtl.: Mach es fünf Cents.
Mach's kurz.

wörtl.: Vier Katzen
Wenig los hier

seny

Ja pots comptar!

Gesunder Menschenverstand
aus katalanischer (und mallorquinischer) Sicht

wörtl.: Das kannst du schon mitrechnen!
Glaub das bloß nicht!

Register

Abbildungsnachweis
DuMont Bildarchiv, Ostfildern: S. 86, 95 (Frank Heuer)
Getty Images, München: S. 120/2 (AFP/Martin Bureau); 120/7 (AFP/Pierre Teyssot); 120/9 (Francis Tsang); Titelbild, Faltplan (Jorg Greuel); 120/3 (Julian Finney); 83 (Visions of America/Joe Sohm)
laif, Köln: S. 14/15, 17, 21, 50 (Archivolatino/Lorenzo Moscia); 47 (Clemens Zahn); 57 (Dirk Krüll); 88 (Frank Heuer); 84/85 (Gregor Lengler); 11 (Gunnar Knechtel); Umschlagklappe vorn, 7, 36/37, 40, 49 (Heiko Meyer); 106 (hemis.fr/Richard Soberka); 120/6 (Henning Bode); 20, 23 (Malte Jäger); 42, 63, 73 (Miquel Gonzalez); 120/4 (Thomas Rabsch); 67 (Thorsten Futh); 28, 31, 32, 39, 44, 59, 68, 78 (Tobias Gerber); 4 o. (Urban Zintel); 72 (Zenit/Paul Langrock)
Lookphotos, München: S. 64, 90 (age fotostock); 98 (Daniel Schoenen); 93 (Jan Greune); 4 u., 81 (Jürgen Richter)
Mauritius Images, Mittenwald: S. 97 (age fotostock/Bartomeu Amengual); 24 (Alamy/MallorcaImages); 46 (imagebroker/Fabian von Poser); 35 (imagebroker/Martin Moxter); 101 (Johnér); 60/61, 104 (Martin Zurek); 8/9 (Stefan Hefele); 56 (Thomas Ebelt)
Oliver Breda, Duisburg: S. 74, 111, 120/8
picture-alliance, Frankfurt a. M.: S. 120/5 (EPA/Facundo Arrizabalaga); 27 (Global Travel Images); 120/1 (Prisma Archivo)
Stock.adobe.com, Dublin (IE): S. 100 (Kai Koehler)
Susanne Lipps, Duisburg: S. 54
Zeichnungen S. 5 (Antonia Selzer, Lörrach); 3 (Gerald Konopik, Fürstenfeldbruck)

Kartografie
DuMont Reisekartografie, Fürstenfeldbruck
© DuMont Reiseverlag, Ostfildern

Umschlagfoto
Titelbild: Caló des Moro im Süden der Insel

Hinweis: Autoren und Verlag haben alle Informationen mit größtmöglicher Sorgfalt geprüft. Gleichwohl sind Fehler nicht vollständig auszuschließen. Alle Angaben erfolgen ohne Gewähr. Bitte schreiben Sie uns! Über Ihre Rückmeldung zum Buch und Verbesserungsvorschläge freuen sich Autoren und Verlag:
DuMont Reiseverlag, Postfach 3151, 73751 Ostfildern,
info@dumontreise.de, www.dumontreise.de

FSC
www.fsc.org
MIX
Papier aus verantwortungsvollen Quellen
FSC® C018236

3., aktualisierte Auflage 2022
© DuMont Reiseverlag, Ostfildern
Alle Rechte vorbehalten
Autoren: Susanne Lipps und Oliver Breda
Redaktion/Lektorat: Susanne Pütz, Anne Winterling
Bildredaktion: Nadja Gebhardt
Grafisches Konzept: Eggers+Diaper, Potsdam
Printed in Poland

Kennen Sie die?

Ramon Llull
Philosoph und Missionar, 1376 zum Ketzer erklärt, inzwischen rehabilitiert.

Miquel Barceló
Dem Künstler aus Felanitx verdankt Palmas Kathedrale ein umstrittenes Relief.

Rafael Nadal
Mallorcas Tennis-Ass, von seinen Freunden liebevoll Rafa genannt.

Peter Maffay
Rocker und Urgestein mit Finca bei Pollença, wo er allerdings nicht mehr so oft wie früher gesichtet wird.

Claudia Schiffer
Hätte nach der Modelkarriere jetzt Zeit für Mallorca, doch ihre Luxusvilla in Camp de Mar hat sie verkauft.

Tim Mälzer
Kocht immer wieder gerne auf Mallorca. Zuletzt verschlug es ihn im Juni 2021 für eine vierteilige Serie auf die Inselmärkte.

Marga Fullana
Starke Frau auf dem Rad aus Sant Llorenç des Cardassar, bei Olympia und Weltcups erfolgreich.

Ensaïmada
Die ultimative Teigschnecke. Kein spanischer Besucher würde ohne ein Riesenexemplar davon nach Hause fahren, in jedem Café ist sie in handlicher Größe präsent.

Maria del Mar Bonet
Die Liedermacherin sang schon Katalanisch, als das in Spanien noch verboten war.